지구로 귀환하라!
아폴로 13호

위대한 도전 7
지구로 귀환하라! 아폴로 13호

초판 1쇄 펴냄 2006년 11월 30일
초판 4쇄 펴냄 2012년 5월 10일

글 박현수
그림 남정훈
기획 고정욱
펴냄 고영은 박미숙

상무 김완중 | 편집장 인영아
뜨인돌기획팀 이준희 김영은 김현정 홍신혜 | 어린이기획팀 이경화 이슬아 여은영
세모길기획팀 박경수 이진규 | 디자인실 김세라 오경화
마케팅팀 이학수 오상욱 진영수 김은숙 | 총무팀 김용만 고은정

펴낸곳 뜨인돌출판(주)
출판등록 1994.10.11(제313-2011-185호)
주소 121-840 서울시 마포구 서교동 396-46
홈페이지 www.ddstone.com | 노빈손 홈페이지 www.nobinson.com
블로그 blog.naver.com/ddstone1994
대표전화 02-337-5252 | 팩스 02-337-5868

ⓒ 2006, 박현수

ISBN 978-89-92130-26-4 77810
(CIP제어번호 : CIP2012002117)

지구로 귀환하라!
아폴로 13호

박현수 글 | 남정훈 그림 | 고정욱 기획

뜨인돌어린이

위대한 도전을 꿈꾸는 이들에게

밤하늘을 바라본 적이 있나요?

밤하늘에 펼쳐진 또 다른 세계를 발견한 적이 있나요?

만약 밤하늘을 오랫동안 바라본 적이 없다면, 오늘밤이라도 창문을 열고 하늘을 바라보세요. 그곳에는 수많은 별들이 빛나고 있을 거예요.

그런데 그 별들 중에도 유난히 자신의 빛을 발하는 존재가 있답니다. 그래요, 바로 달이지요.

옛날 사람들은 달을 신비한 존재로 생각했습니다. 그래서 달에게 간절히 소망을 이야기하기도 하고, 자신만이 알고 있는 비밀을 털어놓기도 했습니다.

그러던 중 사람들은 달이 지구 주위를 도는 행성이라는 걸 알게 됩니다. 그저 땅덩어리란 것을 알게 된 것이지요.

하지만 사람들은 실망하는 대신 또 다른 멋진 희망을 갖게 됩니다. 바로 달에 가려는 꿈, 달을 탐험하려는 꿈을 꾸게 된 것이지요.

이 책은 누구보다 달을 사랑하고 달에 가 보고 싶어 한 사람에 관한 이야기이자, 그 꿈을 실행에 옮긴 사람의 이야기입니다.

그의 이름은 바로 짐 러벨입니다. 그는 프레드 헤이즈, 잭 스위거트 등 두 동료들과 함께 아폴로 13호를 타고 달을 향해 떠났습니다. 물론 짐 러벨이 처음 달에 간 것은 아닙니다. 이미 아폴로 11호, 12호가 짐 러벨과 그의 동료들보다 먼저 달에 다녀왔으니까요.

그렇다면 저는 왜 아폴로 11호, 12호의 이야기가 아니라 짐 러벨의 이야기를 여러분에게 들려주려는 것일까요?

짐 러벨과 그의 동료들은 지구에서 30만 킬로미터나 떨어진 곳에서 아폴로 11호, 12호가 겪지 못한 엄청난 사고를 당하게 됩니다. 그들이 타고 있던 아폴로 13호에 누구도 예상하지 못한 폭발이 일어난 것이지요. 달에 착륙하기 불과 이틀 전에요.

사고를 당한 짐 러벨과 두 명의 동료들, 그리고 아폴로 13호. 누구의 도움도 받을 수 없는 우주에서 위기에 처한 그들은 어떻게 되었을까요?

이제 여러분들과 함께 서둘러 사고가 일어난 곳으로 가 보려 합니다. 그래서 그들의 모험에, 그들의 위대한 도전에 함께하려 합니다.

자, 그럼 우주복을 입고 그들의 도전이 시작되는 저 머나먼 곳으로 떠나 볼까요?

– 모험과 도전을 사랑하는 지은이가

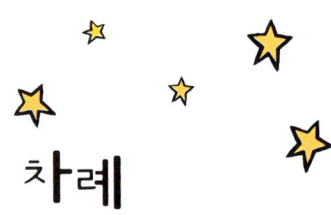

차례

● 위대한 도전을 꿈꾸는 이들에게
- 4 -

2장 제프리의 두 가지 약속
- 27 -

1장 본부! 본부! 문제가 발생했다
- 9 -

6장 자유 순환 궤도를 통한 지구로의 귀환
- 93 -

사령선을 폐쇄하라!
- 77 -
5장

수동 조종으로 궤도를 수정하라!
- 129 -
8장

3장
훈련, 또 훈련
- 43 -

4장
아폴로 13호의 발사, 그리고 도킹
- 61 -

7장
대원들 간의 갈등
- 113 -

아폴로 13호 만이 해낸 임무, 그리고 그 뒷이야기
-162-

9장
응답하라, 아폴로 13호!
- 147 -

우주복의 구성
우주비행사의 훈련
-164-

사진으로 보는 아폴로 13호
-166-

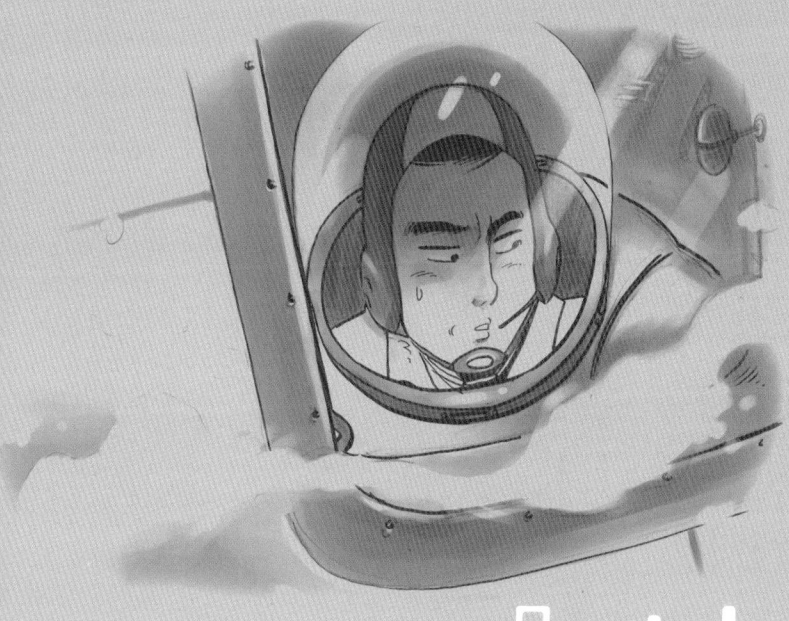

01
본부! 본부!
문제가 발생했다

1970년 4월 13일 월요일 밤 9시를 넘긴 시간이었다.

아폴로 13호는 느린 속도로 달의 둘레를 돌고 있었다. 그곳은 지구에서 30만 킬로미터 이상이나 떨어져 있었다.

우주선 속에는 세 사람의 우주인이 이틀 후에 있을 달 착륙에 대비해 선체를 점검하고 있었다. 짐 러벨, 프레드 헤이즈, 그리고 잭 스위거트가 그들이었다.

검은 머리에 짙은 눈썹을 한 사람이 막 지휘 본부와의 연락을 끝내고 고개를 창문 밖으로 돌렸다. 창문 밖으로 푸른빛을 띠는 커다란 행성이 보였다.

'너무 아름답구나, 이곳에서 보는 지구는……'

지구를 보며 감격하고 있는 사람은 바로 짐 러벨이었다. 그는 아폴로 13호의 선장으로 이번 달 탐사 임무를 책임지고 있었다. 그에게는 이번 달 탐사가 네 번째 우주 여행이었지만 이틀 후에 있을 달 착륙에 대한 기대로 그는 무척이나 들떠 있었다. 달에 착륙하는 임무를 맡은 것은 이번이 처음이기 때문이었다.

좌석에서 몸을 일으키자 짐 러벨은 자신의 몸이 둥둥 뜨는 것을 느꼈다. 중력이 작용하지 않기 때문이었다.

그는 마치 수영이라도 하듯 몸을 돌려 사령선 아래에 있는 달 착륙선으로 향했다. 사령선과 달 착륙선은 터널로 연결되어 자유롭게 다닐 수 있었다.

그때 사령선 안의 무전기에서 소리가 나기 시작했다.

"지지직……, 아폴로 13호! 아폴로 13호!"

"잭! 무전을 받아 주게."

"네!"

짐의 지시에 금발에 조금 날카로운 인상을 한 젊은이가 즉시 대답하고는 서둘러 무전기 쪽을 향해 몸을 돌렸다.

잭 스위거트였다. 그는 이번이 첫 우주 여행이었다. 사실 잭은 미국 우주항공국(NASA)에서 일한 지 3년밖에 되지 않은 초보 우주비행사였다. 이번 달 탐사에 합류하게 된 것도 출발 이틀 전에야 내려진 갑작스러운 명령 때문이었다.

"아폴로 13호! 산소 탱크를 가열할 시간이다."

휴스턴의 우주항공국에 있는 지휘 본부로부터의 연락이었다.

산소 탱크를 가열하는 것은 정기적으로 하는 일이었다. 우주의 온도는 영하 200도에 가까울 정도로 떨어진다. 상상하기조차 힘들 정도로 낮게 떨어진 온도는 우주선 안의 산소조차 얼어붙게 한다. 그래서 정기적으로 산소 탱크 안의 코일을 가열해 산소를 녹인 후 연료 장치와 환기 장치에 들어가도록 했다.

아폴로 13호의 조종은 거의 모두 지구에 있는 지휘 본부의 지시에 따라 이루어졌다. 지휘 본부에서는 컴퓨터를 통해 아폴로 13호의 위치와 상태를 파악하고 그때그때 필요한 지시를 내렸다.

"아폴로 13호! 오른쪽에 있는 060 계기판의 숫자를 돌려 0으로 만들고 산소 탱크의 가열 스위치를 눌러라!"

"알았다, 본부! 지시대로 하겠다."

잭 스위거트는 늘 하던 대로 계기판의 숫자를 맞춘 후 가열 스위치를 눌렀다.

그때였다.

"펑!"

갑자기 폭음이 울리며 엄청난 충격이 느껴졌다.

"아니, 무슨 일이야?"

짐 러벨은 폭발의 충격에 의해 달 착륙선에서 사령선 쪽으로 떠밀려 왔다. 짐이 조종석 쪽을 보니 잭 스위거트가 얼어붙은 것처럼 어쩔 줄 모르고 있었다.

달 착륙선에서 엔진을 점검하고 있던 프레드 헤이즈는 폭음과 함께 선체가 지진이라도 난 것처럼 흔들리는 것을 느꼈다. 그는 이번 달 탐사에 착륙선의 조종사로 참가했는데, 잭 스위거트와 마찬가지로 첫 번째 우주비행이었다.

프레드는 가까스로 몸의 중심을 잡으며 고개를 돌려 소리가 난 쪽을 바라보았다. 그랬더니 사령선과 착륙선을 연결한 터널 한쪽이 심하게 우그러져 있는 것이 보였다. 무언가에 충격을 받은 것 같았는데 그 원인을 알 수는 없었다.

"콰, 과-광!"

연달아 또 다른 폭발 소리가 들리며 아폴로 13호는 더욱 심하게 요동치기 시작했다.

사령선의 계기판에서는 경보등이 미친 듯이 깜박거렸다. 또 짐 러벨의 좌석 위에서는 '승무원 비상'이라는 노란 경보등이 쉴 새 없이 돌아갔다.

잭 스위거트는 어찌해야 할지 몰라 짐을 바라보았다. 평소 그렇게 침착했던 짐의 얼굴에도 당황한 빛이 역력했다. 짐은 심하게 흔들리는 몸을 움직여 가까스로 좌석에 앉아 벨트를 채웠다. 잭과 프레드는 물론 짐 러벨 역시 단 한 번도 이런 상황을 겪어 본 적이 없었다.

"본부! 비상사태다. 본부! 문제가 발생했다."

시끄러운 소리들 사이로 짐의 다급한 외침이 울려 퍼졌다. 서둘러 지휘 본부에 도움을 요청한 것이었다.

"아폴로 13호, 다시 한 번 말하라!"

무전기를 통해 진 크란츠의 목소리가 들려왔다. 그는 휴스턴 지휘 본부의 총책임자였다.

"아폴로 13호! 아폴로 13호! 잡음이 심하다. 다시 한 번 말하라!"

냉철하기로 소문난 그의 목소리에도 당황함이 묻어 났다.

"본부! 문제가 발생했다. 아폴로 13호에 문제가 발생했다."

짐 러벨은 숨을 깊이 내쉬면서 침착을 되찾으려 애쓰며 다시 말했다.

"선체 어딘가에서 폭발이 일어난 것 같다."

이런 상황을 예상치 못한 것은 지휘 본부도 마찬가지였다. 휴스턴의 지휘 본부에서 아폴로 13호의 상태를 점검하던 모든 대원들은 순식간에 긴장 속으로 빠져 들었다.

의료팀의 책임자가 큰 소리로 외쳤다.

"대원들 모두 심장 박동이 급격히 빨라지고 있습니다!"

세 사람의 우주복 속에는 지휘 본부의 의료팀이 심장 박동을 측정할 수 있는 장치가 달려 있었다.

이번에는 장비 담당자가 외쳤다.

"2번 산소 탱크가 비었습니다! 1번 탱크의 산소도 급속히 줄어들고 있습니다!"

그러자 지휘 본부의 이쪽저쪽에서 서로 소리치기 시작했다.

"계기판에 경보등이 들어왔습니다!"

"무전기 전파음이 잡히지 않습니다!"

"전력이 급격히 낮아지고 있습니다!"

진 크란츠는 이 모든 사태를 보고 받고 직감적으로 아폴로 13호에 심각한 사고가 발생했음을 알았다. 뒷목이 뻣뻣해지면서 신경이 곤두섰다.

하지만 지금 그가 해야 할 일은 스스로 냉정함을 유지하는 것이었다. 그리고 지휘 본부의 대원들을 진정시켜야 했다. 이럴 때 두려움에 빠지는 것이야말로 가장 위험한 일이었기 때문이다.

"자, 침착하게! 한 사람씩 말하시오!"

진 크란츠는 단호한 목소리로 지휘 본부의 대원들에게 이야기했다.

지휘 본부로부터 진 크란츠의 지시를 받은 짐 러벨은 다시 서둘러 물었다.

"본부! 지금 연료 탱크의 밸브를 잠그라고 했나?"

"그렇다, 아폴로 13호! 연료 밸브를 잠가야 한다. 그것도 빨리!"

짐 러벨은 흔들리는 몸의 중심을 잡으려고 애쓰면서 잠시 생각했다. 폭발 이후 아폴로 13호는 중심을 잡기도 힘들 정도로 흔들리고 있어 몹시 불안정했다.

짐은 지휘 본부의 명령이 무엇을 의미하는지 알고 있었다. 연료 밸

브를 잠그면 1, 2번 연료 탱크를 사용할 수 없게 된다. 3번 연료 탱크가 있지만 그것만으로 달에 착륙할 수는 없다.

'연료 밸브를 잠그면 달에는 갈 수 없게 된다……'

짐 러벨은 쉽게 연료 탱크 잠금 버튼을 누를 수 없었다. 짧은 순간 많은 생각들이 짐의 머리를 스쳐 지나갔다.

처음 우주비행사가 되기로 결심했던 때로부터 지금까지 달에 착륙하는 것은 짐 러벨의 간절한 바람이었다. 2년 전에는 아폴로 8호를 타고 달 주위를 돌면서 다음 번에는 반드시 달에 착륙하리라 마음을 먹었다. 또 텔레비전으로 닐 암스트롱이 아폴로 11호를 타고 최초로 달에 착륙하는 모습을 보면서 그 누구보다 부러워했었다.

'그토록 꿈꿔 왔던 일인데……'

잠시 후 짐 러벨은 고개를 흔들며 생각했다.

'아니, 지금 이 순간 중요한 것은 달에 가느냐 못 가느냐가 아니야!'

그리고는 다시 생각을 가다듬었다.

'지금 해야 할 일은 산소가 새어 나가는 걸 막는 거야. 그리고 어디가 잘못되었는지를 알아내 어떻게든 다시 지구로 돌아가야 해.'

짐 러벨은 지휘 본부와의 교신을 끊고 프레드와 잭을 향해 말했다.

"대원들! 지금 우리는 중요한 결정을 해야 한다. 더 이상 산소가 새는 것을 막기 위해선 연료 밸브를 잠가야 한다."

짐의 흥분된 목소리는 계속 이어졌다.

"그건 달 착륙을 포기하는 것이기도 하다. 하지만 지금 중요한 것

은 이 위기에서 벗어나야 한다는 것이다."

"아니, 그건……."

프레드는 짐의 말을 듣고 무슨 말인가 하려다가 멈추고는 잭 스위거트를 쳐다보았다. 프레드에게 달에 착륙하는 것은 일생에 한 번 올까말까하는 기회였다. 그리고 그건 잭에게도 마찬가지였다.

하지만 그 순간에도 아폴로 13호는 심하게 흔들리며 회전을 계속하고 있었다. 이런 상황에서 선택할 수 있는 길은 오직 하나였다.

짐 러벨은 다시 무전기를 켜고 담담하게 말했다.

"알았다, 본부! 연료 탱크의 밸브를 잠그겠다."

짐은 연료 밸브를 잠그는 두 개의 버튼을 눌렀다.

이제 짐 러벨에게 주어졌던 달 착륙에 대한 임무는 취소되었다. 하지만 더욱 중요한 임무가 그에게 맡겨졌다. 세 사람 모두 무사히 다시 지구로 돌아가는 일이었다.

하지만 그것은 거의 불가능한 일이었다. 이미 아폴로 13호는 두 개의 연료 탱크를 사용할 수 없게 되었고, 게다가 폭발의 충격으로 다시 조종 기능을 되찾을 수 있을지도 불확실했기 때문이었다.

짐 러벨은 고개를 돌려 창 밖으로 지구를 바라보았다. 그리고 스스로에게 다짐하듯 입을 굳게 다물며 생각했다.

'어떤 일이 있어도 지구로 돌아간다. 두 대원을 데리고 반드시 살아 돌아가야 한다.'

아폴로 13호는 어둠을 가르고 끊임없이 나선을 그리며 달 주위를 돌고 있었다.

재미있는 우주 상식!

우주선 안에서 먹는 음식은?

우주여행 초기에는 주로 음식에 빨대를 꽂아서 빨아먹는 튜브 식으로 되어 있었다. 그러나 지금은 우주선에서 다양한 음식을 즐길 수 있도록 72가지의 음식이 제공된다. 과일과 야채를 보관하는 냉장고도 있고, 콘플레이크는 건조우유가 첨가되어 있어서 물만 부으면 바로 먹을 수 있다. 그러나 조심조심 먹지 않으면 음식들이 둥둥 떠다니는 봉변을 당하게 된다. 우주여행이 계속되면서 음료수는 튜브에서 총 모양의 통으로 발전했다. 하지만 통모양은 바뀌었어도 빨아먹는 방법은 그대로이다.

우주선에서는 대소변을 어떻게 볼까?

우주선에서 소변은 흡입기를 사용해서 우주 바깥으로 빼낸다. 그렇게 하면 우주에 소변이 둥둥 떠다니지 않을까? 걱정할 필요가 없다. 우주 공간은 절대 온도에 가깝기 때문에 소변은 배출되는 순간 얼음 결정체로 변하기 때문이다. 그렇다면 대변은 어떻게 처리할까? 대변은 봉투에 넣어서 보관을 하고 지구로 다시 가지고 온다. 우주 생활과 음식에 대한 실험을 하는 데 사용하기 위해서이다.

02
제프리의 두 가지 약속

    1969년 11월 21일 금요일 저녁이었다. 하루 종일 흐리더니 오후 늦게부터 눈발이 날리기 시작했다.
    짐 러벨은 서둘러 현관문을 열고 들어가다 아내인 마릴린과 마주쳤다. 금발에 크지도 작지도 않은 체격의 마릴린은 언제나처럼 웃는 얼굴로 남편을 맞이했다.
    "여보, 어서 오세요."
    "마릴린! 깜짝 놀랄 소식이 있어. 애들은 어디에 있어?"
    짐의 들뜬 목소리에 마릴린은 거실 쪽을 가리키며 물었다.
    "텔레비전을 보고 있어요. 근데 놀랄 만한 소식이 대체 뭐예요?"
    짐은 아내의 등을 거실 쪽으로 밀며 말했다.
    "잠깐, 잠깐! 가족들이 모두 모인 자리에서 발표할 테니까……."
    짐과 마릴린이 거실로 들어가자 텔레비전을 보던 아이들이 짐에게 인사했다.

"아빠! 다녀오셨어요?"

"아빠! 안녕?"

열다섯 살의 큰아들 제이, 열네 살의 큰딸 바바라, 그리고 열한 살의 작은딸 수잔은 서둘러 인사를 마친 후 다시 퀴즈 프로가 진행되는 텔레비전으로 눈을 돌렸다.

"근데 제프리는?"

짐은 다섯 살 된 막내 제프리가 보이지 않자 아내에게 물었다.

"아마 2층 자기 방에 있나 봐요."

"그래, 좋아. 그럼 그냥 이야기할게."

짐 러벨은 다시 아이들에게로 몸을 돌리고는 큰 소리로 이야기했다.

"얘들아! 깜짝 놀랄 소식이 있어."

"뭔데요, 아빠?"

작은딸 수잔이 아빠의 말을 가로막고 궁금한 듯 재촉했다.

"흠, 흠. 아빠가 이번에 달에 가게 되었어. 아폴로 13호의 선장으로 말이야."

"정말이에요? 정말 달에 가는 거예요?"

큰아들 제이가 눈을 크게 뜨고 물었다.

"아빠, 정말 축하해요."

큰딸 바바라도 혼자서 박수를 치며 기쁜 듯 말했다.

"아니, 여보! 이번엔 앨런 세퍼드가 간다고 하지 않았어요?"

마릴린은 기뻐하면서도 궁금한 듯 물었다. 마릴린의 질문에 짐은 아내의 어깨에 손을 올리며 말했다.

"앨런이 귓병이 났어. 그래서 내가 아폴로 13호를 지휘하게 되었지. 드디어 내가 이 두 발로 달 위를 걷게 됐어."

"그럼 누구와 같이 가요?"

"응, 프레드 헤이즈, 켄 매팅리와 함께 갈 거야. 우린 같은 팀이니까."

짐은 들뜬 목소리로 대답했다. 달에 가게 된 사실에 너무나 기뻐하는 짐과는 달리 짐의 아내 마릴린의 얼굴에는 살짝 그늘이 드리워졌다. 마릴린은 남편이 달에 가게 된 것이 기쁘면서도 무언가 불안했다.

이야기를 마친 짐은 아내와 함께 거실에서 나오면서 계단 중간에 서 있는 막내 제프리와 마주쳤다.

제프리는 큰 눈을 깜빡거리며 아빠를 뚫어지게 바라보고 있었다.

"아빠, 정말 달에 가?"

"그래, 제프리. 이번에 아빠가 달에 가게 되었단다."

"언제 가?"

"내년 4월에 가게 될 거야."

제프리는 잠시도 머뭇거리지 않고 다시 물었다.

"달에 내리기도 해?"

"그럼. 아빠는 달 위를 걸을 거란다."

아빠의 대답을 들은 제프리는 잠시 생각한 후 침을 꿀꺽 삼키며 말했다.

"아빠, 달에 가면……, 거기 있는 돌 하나만 갖다 줘."

제프리의 부탁에 짐은 조금 망설였다. 달에 가면 암석을 가져올 테지만 그건 연구를 위한 것이었다. 하지만 제프리의 커다란 눈망울을 외면할 수는 없었다.

"그래, 구할 수 있다면 꼭 갖다 주마."

제프리는 아빠와 약속을 하고는 다시 2층 자기 방을 향해 뛰어갔다. 그런데 짐 러벨의 이번 달 탐사가 인류 최초로 시도되는 것은 아니었다.

아폴로 13호에 이르기까지 우주를 향한 도전

우주 탐사의 시작은 옛 소련이 먼저였다. 1957년 10월 4일.

삐… 삐… 삐… 삐…

직경 61cm의 둥근 알루미늄 비행체가 지구 궤도로 진입했다.

삐…삐…삐…삐

둥근 비행체의 이름은 '스푸트니크'. 옛 소련에서 발사된 인류 최초의 인공위성이었다.

그리고 1961년 4월 12일. 옛 소련의 '유리가가린'은 보스토크 1호를 타고 인류 최초로 지구를 한 바퀴 도는 데 성공한다.

한 바퀴 다 돌았다!

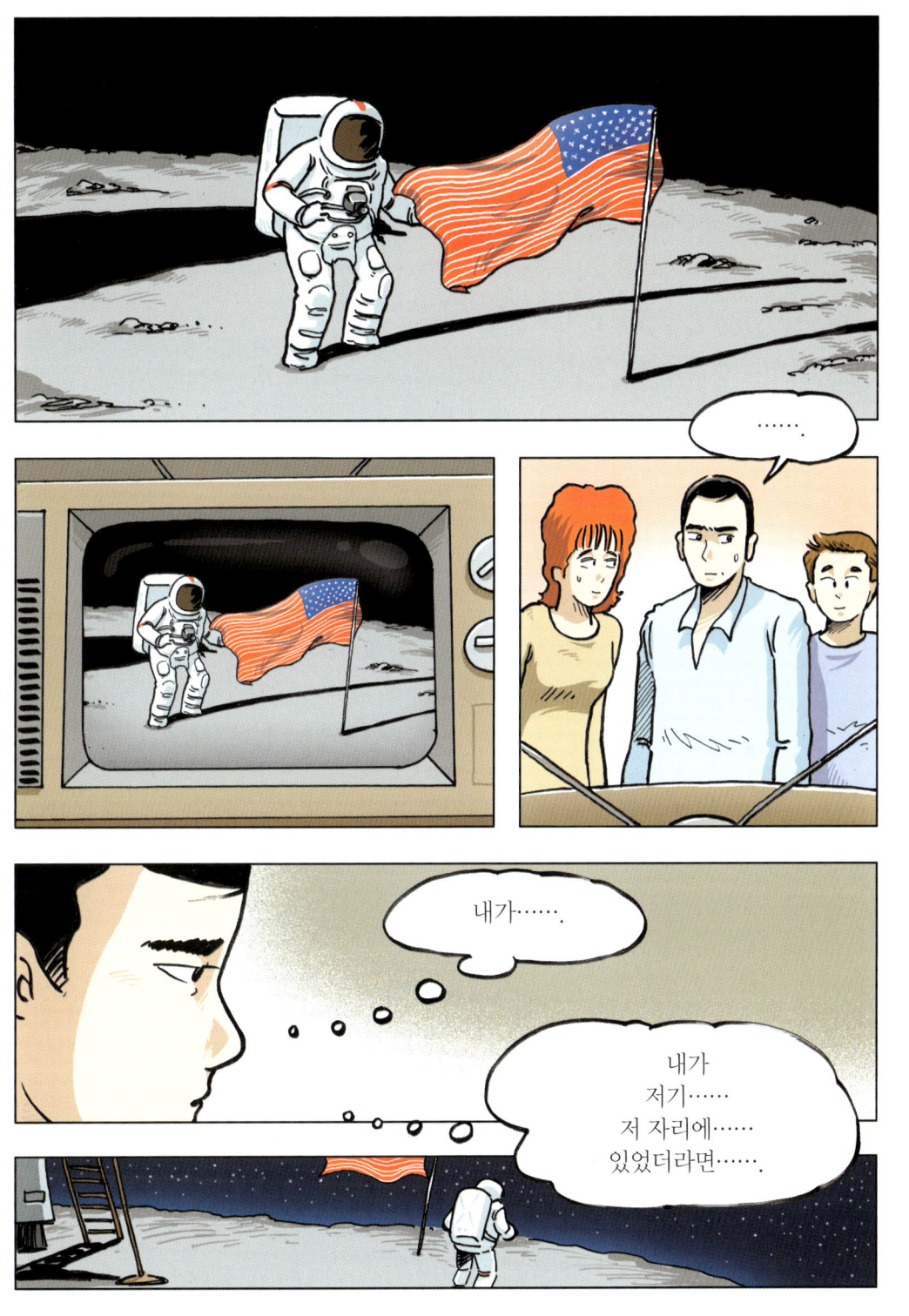

"제프리가 아까부터 당신을 기다리고 있었어요."

훈련이 저녁까지 계속되어 밤 늦게서야 집에 돌아오는 짐 러벨에게 아내가 말했다.

"응, 무슨 일이야? 제프리는 어디에 있는데?

"2층 자기 방에 있어요. 조금 전까지 몇 번이나 아빠가 왔는지 물어보고 다시 올라갔어요."

짐 러벨은 늦게까지 계속된 훈련으로 피곤했지만 제프리가 간절히 기다렸다는 말에 외투만을 아내에게 건낸 후 서둘러 2층으로 올라갔다.

"아빠!"

"제프리! 아빠가 많이 늦었지?"

짐은 자기 가슴으로 뛰어드는 막내아들을 안고는 몇 바퀴를 돌았다. 금방 샤워를 했는지 제프리의 머리에서 향긋한 비누 냄새가 났다.

짐은 제프리를 다시 침대에 앉히고는 물었다.

"그래, 우리 제프리가 무슨 일로 아빠를 기다렸어?"

제프리는 침대 위에서 레고 블록을 가지고 놀았는지 여기 저기 블록 조각이 나뒹굴고 있었다.

"아빠! 달까지 가는 데 얼마나 걸려?"

"얼마 안 걸려. 4일이면 가는걸."

아빠를 닮아 검은 머리에 큰 눈을 가진 제프리는 호기심이 많았다. 특히 아빠가 하는 일에 대해 그랬다. 다른 아이들은 그저 아빠가 하는 일을 자랑스러워하는 정도였는데, 제프리는 아빠가 하는 일에 대해선 무엇이든 알고 싶어 했다.

아폴로 11호가 달에 착륙할 때도 그랬다. 짐 러벨과 가족들이 거실에 모여 텔레비전으로 닐 암스트롱이 착륙선의 사다리를 내려와 막 달에 첫발을 디디는 역사적인 순간을 보고 있을 때였다.

"아빠는 왜 달에 안 내렸어?"

제프리는 텔레비전 화면에서 고개를 돌려 짐을 바라보며 물었다. 제프리는 바로 작년에 아빠가 달에 가서 그 주위를 열 바퀴나 돌고 온 사실을 알고 있었다.

"응, 아빠의 임무는 달에 내리는 게 아니었단다. 그때는 달에 내릴 준비도 되어 있지 않았고."

제프리의 갑작스러운 질문에 짐 러벨은 조금 당황하며 대답했다. 사실 짐은 텔레비전으로 닐 암스트롱이 달에 발을 디디는 것을 보면서 그 자리에 자신이 있었으면 얼마나 좋을까 하고 아쉬워하고 있던 중이었다.

"다음에는 아빠도 달에 내릴 거야?"

"물론이지. 아빠도 암스트롱 아저씨처럼 달 위를 걸어다니게 될 거야."

아빠가 달에 간다는 걸 알고 난 후부터 제프리의 모든 관심은 아빠에게로 향해 있었다. 짐은 그런 제프리가 귀찮을 때도 있었지만 싫지 않았다.

"아빠, 달까지 무얼 타고 가?"

짐은 다시 제프리의 질문을 받고는 침대 위를 두리번거리다가 제프리가 블록으로 만든 우주선과 착륙선을 발견하고는 그것들을 손에 들고 대답했다.

"아빠가 설명해 줄게. 자, 이게 아빠가 타고 갈 우주선이란다. 처음에는 사령선과 달 착륙선이 이렇게 붙어서 달 근처까지 날아가지. 쉬-익!"

짐은 블록으로 만든 우주선과 착륙선을 이용해 날아가는 모습을 흉내 내며 막내아들에게 설명했다.

"그러다가 달 근처에 가면 사령선과 달 착륙선이 떨어지지, 이렇게……."

'펑' 소리를 내며 짐은 두 개의 레고 모형을 분리시켰다.

"그리고 아빠는 프레드 아저씨와 함께 착륙선을 타고 달에 가는 거야. 예전에 암스트롱 아저씨는 '고요의 바다'라는 곳에 내렸지. 아빠와 프레드 아저씨는 전혀 다른 곳에 내릴 거야. '프라모로'라는 언덕이지."

고개를 끄덕이던 제프리는 다시 눈을 크게 뜨고 물었다.

"그럼 어떻게 돌아와?"

"응, 켄 아저씨가 사령선에서 아빠와 프레드 아저씨가 돌아올 때까지 기다리고 있을 거야. 착륙선과 사령선이 다시 합체하는 것을 도킹이라고 해. 먼저 도킹을 한 후 사령선을 타고 지구로 돌아오면 되는 거지."

제프리는 조금 망설이다가 물었다.

"만일 우주선이 고장나면 어떡해?"

짐은 막내아들이 어두운 얼굴로 걱정하는 것이 무엇인지 알아내고는 밝게 웃으며 대답했다.

"걱정 마, 제프리! 아빠는 아주 오래 전부터 이번 탐사를 준비했단다. 네가 걱정하는 일 같은 건 일어나지 않을 거야."

"그런데 그때 그 아저씨들은 왜 죽었어?"

제프리는 2년 전에 있었던 사고에 관해 묻고 있었다.

1967년 1월 아폴로 1호는 달 탐사 훈련을 하던 도중 압축 산소가 팽창해 사령선에 불이 붙었다. 설상가상으로 사령선 문이 열리지 않아 훈련을 하던 3명의 우주비행사가 모두 불에 타 죽고 말았다.

아마 제프리는 텔레비전에서 그 사고에 대해 본 듯했다. 짐 러벨은 제프리의 어깨를 꽉 안아 주며 다정하게 이야기했다.

"제프리, 그런 일은 일어나지 않을 거야. 걱정하지 마려무나."

제프리는 다시 아빠에게 무슨 말인가를 하려다가 그만두었다. 그리고 하려던 말을 자기 마음 깊이 묻어 버렸다.

'아빠, 무사히 다녀와. 그게 진짜 약속이야.'

짐 러벨은 제프리에게 걱정 말라고 했지만 사실 자신도 마음 속에 자리 잡고 있는 불안감을 떨쳐버릴 수 없었다. 우주 공간에서 무슨 일이 일어날지 신이 아닌 이상 100% 알 수는 없기 때문이었다.

게다가 이번 탐사에는 우연히도 불길한 숫자라고 생각되는 '13'이 반복되었다. 아폴로 13호인데다, 우주선의 발사 시간도 오후 1시 13분이었다. 지휘 본부에서는 그 시각을 13시 13분으로 불렀기 때문에 역시 13이 두 개나 겹쳐 있는 셈이었다. 게다가 달에 진입하게 될 날짜도 4월 13일이었다.

텔레비전 방송과 신문에서도 아폴로 13호의 임무인 달 착륙보다는 '13'이라는 숫자에 더 많은 관심을 가졌다. 이미 아폴로 11호와 12호가 달에 갔다온 후라서 다른 것으로 사람들의 관심을 끌려는 것 같았다.

짐 러벨은 그런 불길한 징조나 미신 따위에 신경을 쓰지 않으려 노력했지만, 주위의 사람들이 13이란 숫자 이야기를 꺼낼 때마다 기분이 썩 좋지는 않았다.

짐의 아내인 마릴린도 불안하기는 마찬가지였다. 이미 세 번이나 우주로 나가 본 경험이 있는 남편이었지만, 이번에는 무언가 좋지 않은 예감이 들었다.

마릴린은 원래 독실한 기독교인이었지만, 짐이 달 탐사팀에 뽑히고 난 후부터 더욱 열심히 교회에 나가 기도했다.

'하나님, 짐이 무사히 달에 갔다오게 해 주세요. 아니, 혹시 달에 못 갈지라도 무사히 돌아오게만 해 주세요.'

마릴린은 불안한 생각이 들 때마다 새벽이건 밤이건 교회에 가서 간절히 기도를 했다. 그리고 마음속으로 스스로에게 이야기했다.

'괜찮아, 괜찮아. 모든 게 다 잘 될 거야. 무슨 일이 생길 리가 없잖아.'

재미있는 우주 상식!

엄청난 양의 우주 쓰레기

미국과 소련이 경쟁적으로 위성을 쏴 올렸던 적이 있었다. 이때 수명이 다한 인공위성, 로켓의 잔해와 파편 등이 어마어마하게 생겨났는데, 이를 우주 쓰레기라고 부른다. NASA의 관측 데이터에 따르면 현재 지구를 돌고 있는 10cm 이상 크기의 우주 쓰레기는 1만 개 이상이며, 작은 것까지 포함하면 수백만 개에 달한다고 한다.

풍화 작용이 없는 달

풍화 작용이 있으려면 공기가 있어야 한다. 그런데 달은 지구 중력의 1/6밖에 되지 않아 공기의 입자를 잡을 수 없기 때문에 공기가 존재하지 않는다. 공기가 없다는 말은 움직일 수 있는 공기가 존재하지 않는다는 것, 즉 바람이 불지 않는다는 뜻이기도 하다. 따라서 달의 암석들은 지구처럼 풍화 작용에 의해 부스러지는 일이 없다.

03
훈련, 또 훈련

　1970년 4월 2일 목요일, 아폴로 13호의 발사까지는 9일이 남은 날이었다. 그날도 짐 러벨은 프레드 헤이즈, 켄 매팅리와 함께 훈련에 열중하고 있었다.

　세 명의 조종사들은 아폴로 13호와 똑같이 만들어진 모의 조종 장치 안에서 달 착륙 훈련을 반복하고 있었다. 그들은 모의 조종 장치를 통해 필요한 모든 비행을 연습했다. 또 예기치 못한 사고에 대한 비상 훈련도 실시했다.

　"프레드, 달 착륙선의 하강 엔진을 체크해 주게."

　"하강 엔진 이상 없음!"

　짐 러벨의 지시에 프레드 헤이즈는 엄지손가락을 곧게 세우며 대답했다.

　스포츠형으로 자른 금발 머리에 조금 무뚝뚝한 표정을 하고 있는 프레드는 자신의 다섯 살 난 쌍둥이 딸인 제인과 낸시 얘기를 할 때만은 그 누구보다 수다스러웠다. 게다가 프레드의 아내는 쌍둥이의 동생을 가져 출산을 한 달도 채 남겨 놓지 않은 상태였다.

"프레드! 당신이 없을 때 아기가 나오면 어떡하지?"

"여보! 너무 걱정 마. 예정일은 내가 달에 다녀 온 후잖아? 달에 간 기념으로 아기 선물도 사 올게."

프레드의 아내는 출산을 앞두고 남편이 달 탐사에 참가하게 된 것에 대해 불안해했다. 프레드가 아내의 마음을 위로하기 위해 농담을 했지만 크게 위안이 되지는 못했다. 하지만 프레드에게 달에 가는 것은 그 무엇과도 바꿀 수 없는 소중한 기회였다.

짐 러벨이 단호한 어조로 말했다.

"자, 프레드! 착륙선의 하강 엔진을 점화시키게!"

"하강 엔진 점화!"

달 착륙선에는 두 개의 엔진이 달려 있었는데, 맨 밑에 있는 것이 하강 엔진이고, 그 위에 삐죽이 나와 있는 것이 상승 엔진이었다. 또한 하강 엔진은 사령선에서 떨어져 나와 달에 착륙할 때 사용하고, 상승 엔진은 다시 달에서 이륙해 사령선까지 날아갈 때 사용하는 것이었다.

착륙선은 짐 러벨과 프레드 헤이즈를 태우고 달에 착륙할 예정이었다.

"프레드, 조금 더 천천히! 달 표면까지 500미터! 400미터!"

짐 러벨은 달 착륙선의 조종을 맡은 프레드 헤이즈를 보며 외쳤다.

프레드는 착륙선의 계기판에 시선을 고정시키고 조종간을 조금씩 당겼다.

프레드는 짐과 오랜 동료였다. 아폴로 11호의 달 착륙 때도 둘 다 지원팀에 소속되어 있었다. 지원팀이란 원래 임무를 맡은 팀에게 무슨 사고가 생기면 대신해서 임무를 수행할 예비팀이었다. 그래서 아폴로 11호를 타고 간 닐 암스트롱이 달에 내릴 때 프레드도 짐 못지않게 암스트롱을 부러워했다. 그리고 달에 내리고픈 그 바람이 이제 현실로 다가오게 된 것이었다.

"착륙 10초 전! 평형 장치 이상 없음!"

프레드는 여느 때와 같이 착륙선을 조종했고, 착륙선은 무사히 땅에 내려앉았다. 물론 연습이긴 했지만 이들은 실제 상황인냥 최선을 다했다.

"착륙 완료! 하강 엔진 정지!"

프레드는 끝까지 침착함을 잃지 않았다. 짐은 그런 프레드가 믿음직스러웠다. 하지만 짐은 프레드가 숨 돌릴 새도 없이 다시 지시를 내렸다.

"자, 프레드! 이번에는 이륙이야. 상승 엔진을 점화시키게."

벌써 몇 달째 모의 훈련이 계속되고 있었다. 같은 훈련을 반복, 또 반복했다. 세 사람 모두 지치고 짜증이 날 만도 했는데, 누구도 힘들다는 얘기를 하지 않았다. 그만큼 세 사람에게 이번 탐사는 중요한 일이었다. 모두가 오랫동안 간절히 바라왔던 일생일대의 기회였기 때문이다.

프레드는 상승 엔진 점화 스위치를 누르고 다시 조종간에 시선을 집중했다.

"잘 했어, 프레드. 멋진 이륙이었네."

이륙이 무사히 이루어지고 나서야 짐 러벨은 프레드에게 칭찬을 건넸다. 사실 이륙은 착륙보다 훨씬 쉬웠다. 정말 어려운 것은 이제부터였다. 이륙한 착륙선과 사령선을 다시 합체시키는 일, 바로 도킹이 그것이었다.

"자, 이번에는 켄 자네 차례야. 도킹을 준비하게."

켄 매팅리는 사령선을 조종해 착륙선과 도킹하는 임무를 맡고 있었다. 갈색 빛의 곱슬머리에 건장한 체구를 지닌 켄은 각진 턱에 입은 항상 꽉 다물고 있어 겉으로 보기에도 고집이 세어 보였다.

켄 역시 짐, 프레드와 오랜 시간을 같이 한 동료였다. 세 사람은 이제 서로의 눈빛만 봐도 무슨 생각을 하는지 알 수 있을 정도였다.

"오케이! 도킹까지 500미터. 점점 가까워져 온다."

켄은 두 손으로 모의 조종 장치의 조종간을 붙잡고 담담한 목소리로 말했다. 세 사람 모두 훈련에 열심이었지만, 켄의 훈련에 대한 열정은 짐과 프레드가 혀를 내두를 정도였다. 조금이라도 마음에 들지 않으면 잘 될 때까지 고집스럽게 훈련을 반복했다. 짐과 프레드의 퇴근이 늦어지는 이유도 대부분 켄의 이 같은 고집 때문이었다.

다시 한 번 도킹 연습이 실시되었다. 다시 해 보자는 켄 매팅리의 고집 때문에 짐 러벨은 켄과 프레드에게 이번 도킹 연습을 맡겨 보기로 했다. 그리고는 자기 좌석 앞의 계기판을 바라보다가 갑자기 생각이 난 듯 허리를 펴고 조종간을 잡았다.

'수동 조종 연습을 한 번 해 봐야겠다.'

수동 조종이란 사람이 직접 우주선을 조종하는 것을 말한다. 비행사 스스로 좌표를 설정하고 조종간을 조종해 그 좌표에 맞추어 가야 했다. 수동 조종은 컴퓨터가 우주선의 조종을 맡은 이후 아무도 사용하지 않는 방법이었다. 그렇기 때문에 짐 러벨 또한 마지막으로 수동 조종을 해본 지 벌써 3, 4년이 넘은 상태였다.

짐 러벨은 수동 조종 연습을 하려다가 스스로에게 물었다.

'이제 아무도 사용하지 않는 건데 굳이 연습할 필요가 있을까?'

짐은 훈련을 거듭하는 동안 자신도 사람들이 얘기하는 '13'이라는 숫자에 신경을 쓰고 있음을 알았다. 그리고 가끔씩 너무 훈련에 매달리는 것이 아닌지 생각해 보기도 했다. 하지만 이번에는 달랐다. 왠지 모르게 한 번쯤 수동 조종 연습을 해 둬야 할 것 같은 예감이 들었다.

'그래, 우주 공간에서 무슨 일이 닥칠지는 아무도 모르니까.'

"짐! 뭐 해요? 조종간을 노려보면서 무슨 생각을 하는 거예요?"

도킹 연습을 마친 프레드가 궁금한 듯 물었다.

"응? 아무 것도……."

짐 러벨은 프레드의 갑작스러운 질문에 대답을 얼버무렸다. 프레드와 켄이 자신이 수동 조종 연습을 하려는 걸 알면 지금이 어느 시

댄데 수동 조종이냐고 놀릴 게 뻔하기 때문이었다.

"그럼 저희부터 나갈 게요."

켄은 큰 소리로 짐에게 말한 후 프레드와 함께 모의 조종 장치 밖으로 나갔다.

짐은 혼자 남은 모의 조종 장치 안에서 눈 앞의 스크린을 뚫어져라 바라보았다.

"먼저 좌표를 설정하고……."

혼잣말을 하며 좌표를 설정한 짐은 조종간을 쥐고 경사 조종 장치를 가동시켰다. 경사 조종 장치란 우주선의 진로를 수동으로 조종할 때 쓰는 장치였다. 경사 조종 장치의 중심에는 열십자(+) 모양의 십자판이 있었다. 조종간을 움직여 그 십자판의 중심을 자기가 설정한 좌표에 맞추어야 했다.

"오랜만에 하니 쉽진 않군."

몇 번인가 수동 조종 연습을 반복한 후 짐 러벨은 조금 지친 듯한 표정으로 모의 조종 장치를 빠져나왔다.

끊임없는 연습과 함께 시간은 흘러 아폴로 13호의 발사가 이틀 후로 다가왔다. 훈련이 한참 막바지로 치닫고 있을 때, 계기판 위쪽에 있는 스피커에서 지시 사항이 흘러나왔다.

"짐 러벨! 프레드 헤이즈! 켄 매팅리! 세 사람 모두 호출이에요! 스티븐 국장에게 가 보세요!"

짐 러벨은 이상한 생각이 들었다. 자신은 몇 번인가 호출 당한 적이 있지만 대원들 모두를 부른 것은 처음이었다. 발사가 이틀밖에

남지 않은 이런 때에 대원 모두를 호출한다는 것은 무언가 문제가 생겼음을 의미하는 것이었다.

  우주항공국 국장실이라는 팻말이 붙은 문을 두드리자 스티븐 국장의 낮은 목소리가 들렸다.

  "들어오세요!"

  세 사람은 서로 먼저 들어가기를 권하다가 거의 동시에 국장실로 들어갔다.

  "아, 모두 왔군! 거기 소파에 앉지."

스티븐 국장은 어두운 표정으로 앉을 것을 권했다. 짐은 평소에도 날카로운 눈매에 뾰족한 턱을 지닌 스티븐 국장의 인상이 그다지 마음에 들지 않았다.

소파에는 이미 이번 아폴로 13호 계획을 지원하는 의료팀의 내과 과장이 앉아 있었다. 내과 과장을 발견한 순간 짐 러벨은 자신의 불길한 예감이 틀리기를 더욱 간절히 바랬다. 하지만 짐의 예감은 적중했다.

"자네들에게 안 좋은 소식이 있네."

스티븐 국장은 소파로 옮겨 앉으며 이야기했다.

"좀 전에 혈액검사 결과가 나왔는데, 자네들의 지원팀 중 한 명이 홍역에 걸린 걸로 밝혀졌네."

스티븐 국장의 말을 들은 짐 러벨은 주위 사람들이 깜짝 놀랄 정도로 큰 소리로 대꾸했다. 마치 불길한 예감을 떨치려는 듯이…….

"그게 어떻다는 거죠? 어차피 지원팀은 우리와 같이 아폴로 13호를 타는 것도 아니지 않습니까?"

이야기를 듣고 있던 내과 과장이 안경을 치켜올리며 대화에 끼어들었다.

"진정하세요, 짐! 지원팀 중 하나가 홍역에 걸렸다는 것은 당신들 모두가 그 병에 걸릴 수도 있다는 것을 의미합니다."

짐 러벨도 지지 않고 말했다.

"난 어렸을 때 홍역을 앓은 적이 있습니다. 걱정해 주는 건 고맙지만 다시 홍역에 걸리지 않을 겁니다."

"그래요, 짐과 프레드는 이미 홍역에 대한 항체가 있습니다. 하지만 켄은 홍역을 치른 적이 없습니다."

내과 과장이 말을 마치자 켄의 얼굴은 딱딱하게 굳었다. 프레드와 함께 잠시 켄을 바라보던 짐은 다시 흥분된 목소리로 말했다.

"그렇다고 해서 이번 임무 도중 켄이 꼭 그 병에 걸리란 법은 없지 않습니까?"

짐은 흥분으로 자신의 몸이 떨리는 것을 느꼈다. 이번에는 스티븐

3. 훈련, 또 훈련 57

국장이 이야기했다.

"만에 하나 이번 임무 도중 켄이 홍역에 걸린다고 생각해 보게. 그런 몸으로 어떻게 사령선과 착륙선의 도킹 임무를 해내겠나?"

이야기가 진행될수록 켄의 얼굴은 어두워져 갔다. 프레드도 답답하다는 듯 대화에 끼어들었다.

"발사까지 이틀밖에 안 남았는데 어떻게 하자는 겁니까? 우리는 눈빛만 봐도 서로 어떤 상태인지 알고, 목소리만 들어도 어떤 일이 일어났는지를 알 수 있습니다. 이제 와서 우리 팀을 해체하겠다는 겁니까?"

"켄은 조금 있으면 아주 심하게 아플 겁니다."

내과 과장은 낮은 목소리로 냉정하게 이야기했다.

말은 안 하고 있었지만 국장실에 모인 모든 사람들은 이 회의의 결론이 무엇인지 알고 있었다. 켄을 이번 탐사에서 제외시킨다는 것이었다.

켄 매팅리는 처음 내과 과장의 말을 듣는 순간 머리 속이 하얘지는 것 같았다. 그리고 그때까지 달에 가기 위해 해 왔던 수많은 훈련 과정들이 머리를 스쳐 지나갔다.

'아! 달에 가기 위해 얼마나 애썼는데……'

그리고 나서 켄 매팅리의 귀에는 사람들의 모든 대화가 웅웅거리는 소리로만 들렸다. 하지만 켄은 조금씩 정신을 가다듬으려 노력했다.

'그래, 다시는 없을 기회인지도 몰라. 하지만 나만의 욕심을 위해

달 탐사 계획을 망칠 수는 없어.'

켄 매팅리는 갑자기 뭔가를 결심한 듯 나직한 목소리로 물었다.

"누가 내 임무를 대신합니까?"

"잭 스위거트일세."

스티븐 국장의 말에 짐이 서둘러 입을 열었다.

"잭은 모의 조종 장치 근처에도 가 본 적이 없습니다. 이제 이틀도 안 남았는데 그가 제대로 준비를 해낼 수 있을까요? 켄은 도킹 훈련을 수십 번도 넘게 반복했습니다."

짐이 말을 마치자 스티븐 국장은 단호하게 말했다.

"잭도 이번 임무에 적합한 자격을 갖추고 있네. 잭과 함께 가든지 아니면 이번 탐사 계획을 취소하든지 둘 중 하나를 선택하게."

"잭 스위거트는 잘 할 수 있을 겁니다. 잭에게 임무를 맡기세요."

켄 매팅리는 담담하게 이야기했다. 하지만 그의 얼굴에 가득한 실망감을 감출 수는 없었다. 짐 러벨에게는 이제 선택의 여지가 없었다. 어떻게든 잭 스위거트를 준비시켜야 했다.

재미있는 우주 상식!

🌏 달의 중력은 왜 지구의 1/6일까?

그 이유는 바로 크기 때문이다. 뉴턴이 만유인력의 법칙에서 얘기했듯이 중력은 질량에 비례한다. 지구가 달보다 6배가 무거우니 지구의 중력을 1이라고 보았을 때, 달의 중력은 지구의 1/6이 되는 것이다.

🌏 월석은 현무암과 닮은꼴?

17차에 걸친 아폴로 계획에 의해 우주비행사들이 가지고 온 달 표면에 있는 돌 즉, 월석을 분석했다. 월석은 맨틀 물질이나 맨틀 위에 있는 지각의 암석과는 다른 물질로 이루어져 있으며 바다 밑에 있는 현무암과 비슷했다. 월석의 구성 성분은 알루미늄, 칼슘 류가 많으며, 그밖의 휘발 성분은 거의 없다.

🌏 지구에서 달까지 거리는?

38만 4천km이다. 그렇다면 지구에서 태양까지의 거리는 얼마일까? 무려 1억 4,959만 7,890km나 된다. 시속 100km/h로 달리는 자동차가 지구에서 달까지 가려면 3,840시간을 달려야 하는데, 이는 160일 동안을 꼬박 달려야 하는 거리이다. 그렇다면 태양까지는? 지구에서 달까지 거리의 약 340배이므로 160X340 = 54,400일. 1년 365일로 계산한다면 무려 150년을 달려야 하는 거리다.

04
아폴로 13호의 발사, 그리고 도킹

"우-우, 웅!"

아폴로 13호 발사대의 엘리베이터가 빠른 속도로 위를 향해 올라갔다. 엘리베이터 안에는 짐 러벨, 프레드 헤이즈, 잭 스위거트가 타고 있었다. 드디어 달을 향해 출발하려는 것이었다.

짐 러벨은 고개를 돌려 프레드와 잭을 바라보았다. 둘은 두꺼운 우주복과 큰 헬멧까지 쓰고 있어 무척이나 둔하게 보였다. 짐은 자기 자신 또한 그들과 같은 우주복과 헬멧을 쓰고 있으니 다른 사람들이 보기에 자신도 그럴 것이라고 생각했다.

비록 우주복과 헬멧은 둔해 보이고 불편하지만 우주 공간 속에서 세 사람의 체온과 기압을 정상적으로 유지시켜 줄, 없어서는 안 될 장비였다.

엘리베이터는 추진 엔진과 연료 탱크를 지나 사령선 입구 통로에

다다랐다.

"덜컹!"

엘리베이터가 멈춰 서자 프레드와 잭은 아무 말 없이 사령선 입구 통로를 향했다. 짐 러벨은 헬멧 안으로 보이는 표정을 통해 두 사람이 무척이나 긴장하고 있음을 눈치 챘다.

'하긴 지구 밖으로 처음 나가는 것이니 긴장할 만도 하지.'

프레드와 잭은 처음 우주로 나가는 것이었지만 짐은 이미 세 번이나 우주 여행을 다녀왔기 때문에 이들보다는 여유가 있었다.

짐 러벨은 1965년과 1966년에 발사된 인공위성 제미니 7호, 12호 탐사에 참가했었다. 그는 우주선을 타고 지구를 206바퀴나 돌아 달까지 가는 것이 불가능하지 않음을 보여 주었다. 또 1968년에는 아폴로 8호에 탑승했었다. 짐은 그때 최초로 달 주위를 10바퀴 돌고 지구로 돌아왔다.

하지만 짐 러벨도 마음과는 달리 자기의 몸도 긴장으로 조금씩 굳어짐을 느꼈다. 긴장을 풀려는 듯 가벼운 발걸음으로 사령선으로 들어간 짐은 가장자리에 있는 의자에 앉았다. 그 자리는 선장의 자리였다.

이미 잭은 가운데, 프레드는 오른쪽 자리에 앉아 있었다.

"아폴로 13호에 오신 것을 환영합니다. 저는 손님들을 달까지 편안히 모시고 갈 운전사 짐이라고 합니다."

짐 러벨은 잭과 프레드의 긴장을 풀어 주기 위해 농담을 건넸다. 프레드 헤이즈는 짐을 보고 미소를 짓고는 곧 정면을 향해 시선을 옮겼다. 잭도 빙긋이 웃더니 엄지손가락을 세웠다.

세 사람에게 사령선의 내부는 퍽 익숙했다. 사령선과 똑같이 생긴 모의 조종 장치에서 여러 달 동안 반복해서 훈련했기 때문이었다.

조종석에 앉자 계기판이 짐 러벨의 눈에 들어왔다. 500개가 넘는 버튼이 달려 있는 계기판은 아폴로 13호의 생명을 지켜 주는 장치였다.

"위-이-잉!"

짐 러벨이 계기판에 달린 버튼의 동작 상태를 다시 한 번 확인하는 동안 사령선의 문이 서서히 닫히기 시작했다.

이제 정말 출발이었다. 휴스턴의 지휘 본부에서는 발사 카운트다운을 준비하고 있었다. 지휘 본부의 책임자인 진 크란츠는 발사 센터에 연락을 취했다. 발사는 지휘 본부가 아니라 플로리다에 위치한 발사 센터에서 담당하게 되어 있었다.

"발사 센터! 발사 센터! 여기는 지휘 본부다. 이제 발사 준비에 들어가도록 하라."

"알았다, 본부!"

전 세계가 긴장한 채 아폴로 13호의 발사를 기다리고 있었다. 하지만 그때 발사 센터에서 조금 떨어진 곳에서는 실망스러운 표정으로 이 모든 과정을 바라보는 사람이 있었다. 홀로 남겨진 켄 매팅리였다. 그는 발사 센터 뒤에 있는 언덕에 차를 세우고 혼자서 아폴로 13호의 발사를 기다리고 있었다.

"카운트다운을 시작하도록!"

"10, 9, 8, 7, 6, 5, 4, 3, 2, 1, 발사!"

기다렸다는 듯 아폴로 13호의 엔진에서는 불꽃이 화산 폭발처럼 힘차게 뿜어져 나오기 시작했다. 곧바로 귀청을 찢을 듯한 큰 소리가 사령선을 가득 메웠다. 짐 러벨은 긴장한 프레드와 잭이 의자를 움켜쥐는 것을 보고 자신도 모르게 미소를 지었다.

아폴로 13호는 거대한 발사대로부터 떨어져 나와 서서히 솟아올

랐다. 그리고는 위를 향해 육중한 몸을 움직여 나갔다.
"본부, 이제 발사 센터에서 할 일은 모두 끝났다."
"알았다. 수고했다. 이제 우리가 맡겠다."
발사 센터의 연락에 진 크란츠는 담담하게 응답했다. 이제부터는 휴스턴의 지휘 본부에서 아폴로 13호와 우주비행사들을 책임져야 했다. 진 크란츠는 눈앞에 놓인 모니터를 통해 아폴로 13호가 푸른 하늘을 머리에 이고 솟아오르는 장면을 보고 있었다.
아폴로 13호 안에서 짐 러벨은 프레드와 잭을 향해 웃으며 말했다.
"어때, 출발은 괜찮은 편이었지?"
"예, 좋은걸요."
프레드의 대답에 짐 러벨이 말을 이었다.
"이제부터 약간 충격이 있을 거야. 준비를……."
짐 러벨의 말이 채 끝나기도 전이었다. 세 사람의 몸이 앞쪽으로 튀어나가려 했다. 1단계 엔진이 꺼지고 연료 탱크와 함께 떨어져 나가자 우주선이 속도가 급격히 줄었기 때문이다.
하지만 곧이어 세 사람은 다시 몸을 등받이에 파묻을 수밖에 없었다. 2단계 엔진이 점화되었던 것이다. 아폴로 13호는 굉장한 속도로 앞을 향해 전진했다.
"아니, 이게 약간입니까?"
엄청난 충격에 얼굴이 하얗게 질린 잭 스위거트가 놀라 물었다.
짐 러벨은 대답 대신 지휘 본부에 보고를 했다.
"이제 2단계 점화에 들어갔다, 본부."

"알고 있다. 계획대로 진행되고 있다, 아폴로 13호!"

아폴로 13호에 탄 세 사람의 비행사는 조금씩 여유를 되찾고 있었고, 아폴로 13호는 대기권을 빠져나가기 위해 심하게 흔들리고 있었다.

그때였다. 짐 러벨은 아폴로 13호의 계기판을 보다가 깜짝 놀랐다. 중앙 추진 엔진의 표시등이 깜빡거리더니 잠시 후 완전히 꺼져 버렸기 때문이었다. 짐은 당황한 목소리를 애써 감추며 지휘 본부에 보고했다.

"본부! 본부! 중앙 추진 엔진이 꺼졌다. 나머지 네 개의 엔진은 정상인 것 같다."

"우리도 알고 있다, 아폴로 13호!"

휴스턴의 지휘 본부에서도 이미 아폴로 13호의 중앙 추진 엔진이 꺼진 것을 알았다. 또 컴퓨터를 통해 우주선 맨 아래에 위치한 5개의 분사구 중 중앙에 있는 분사구에서 전혀 불꽃이 나오지 않는다는 것을 파악하고 있었다.

"어떻게 하면 되는지 알려 달라, 본부."

긴장한 탓인지 조금 쉰 짐 러벨의 목소리가 스피커를 통해 지휘 본부에 울려 퍼졌다. 짐 러벨은 꺼져 버린 중앙 추진 엔진 때문에 이번 임무를 수행할 수 없는 상황이 벌어질까 걱정이 되었다. 그는 눈을 감고 생각했다.

'아니, 임무가 취소되어서는 안 돼. 이 두 발로 달 위를 걷는 순간을 얼마나 꿈꾸어 왔는데……'

잠시 후 아폴로 13호의 무전기에서는 지지직거리는 잡음과 함께 진 크란츠의 목소리가 들려왔다.

"아폴로 13호! 임무는 계획대로다. 다른 네 개의 엔진이 꺼지지 않는 한 임무는 계획대로 진행될 것이다, 아폴로 13호!"

"알았다, 본부!"

대답을 마친 짐 러벨은 고개를 오른쪽으로 돌려 프레드와 잭을 쳐다봤다. 프레드와 잭도 밝은 표정으로 웃고 있었다. 달에 가려는 꿈은 그들에게도 일생일대의 소원이기 때문이었다.

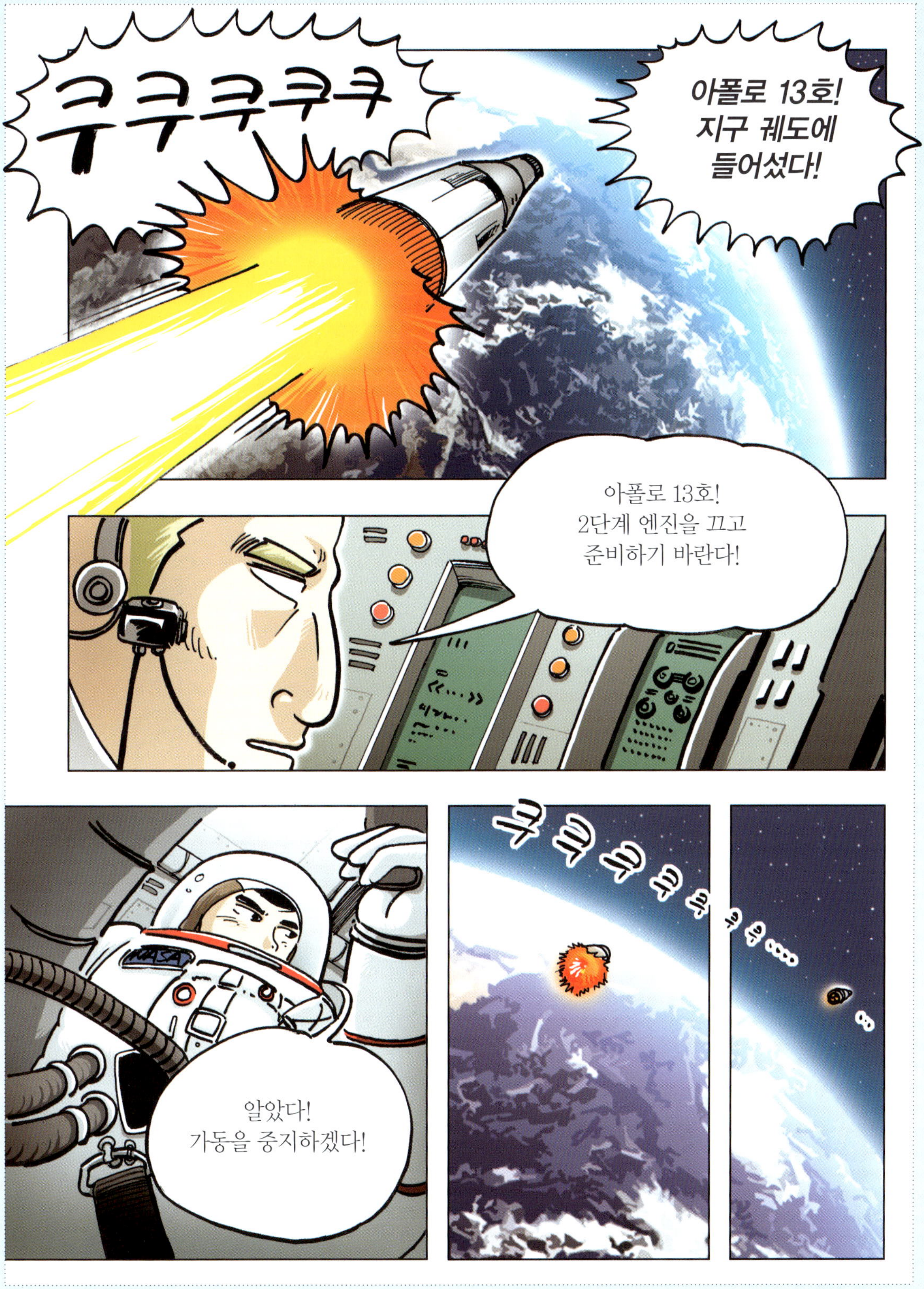

아폴로 13호가 지구 궤도를 두 바퀴째 돌고 있을 때였다.

"아폴로 13호! 아폴로 13호! 모든 시스템을 달 진입 상태로 맞춰라!"

휴스턴의 본부로부터 연락을 받자 짐 러벨은 긴장을 감추며 대답했다.

"안 그래도 기다리고 있었다. 시스템, 달 진입 상태!"

잠시 후 아폴로 13호의 엔진에서 3단계 점화가 이루어졌다. 짐은 두 사람의 대원을 향해 힘차게 외쳤다.

"자, 친구들! 이제 달로 떠나자!"

3단계 점화의 충격은 1단계나 2단계 점화의 충격에 비해 훨씬 부드러웠다. 이미 우주에 나와 있기에 지구 중력을 이겨 낼 필요가 없기 때문이었다. 우주선은 불꽃을 길게 내뿜으며 달을 향해 빠른 속도로 전진해 나갔다.

"앞으로 3분 후 달 궤도에 진입한다."

계기판을 뚫어지게 바라보던 짐 러벨이 큰소리로 말했다. 짐의 말을 듣기라도 한 듯 본부에서 연락이 왔다.

"아폴로 13호, 이제 도킹 단계에 들어간다."

달에 착륙하기 위해서는 사령선과 달 착륙선의 위치를 바꾸어야 했다. 먼저 사령선과 착륙선을 분리시키고 사령선이 180도 회전한 후 다시 착륙선과 합체를 해야 했다. 착륙선이 달에 갔다 온 후에도 마찬가지 과정으로 다시 합체를 할 예정이었다.

"덜-컹!"

잭 스위거트가 분리 버튼을 누르자 약간의 진동과 함께 사령선과 착륙선이 분리되었다. 분리된 사령선과 착륙선은 달 궤도를 따라 서서히 움직이기 시작했다. 잠시 동안이지만 사령선과 착륙선은 분리된 채 자유롭게 떠다니고 있었다.

짐 러벨은 창문을 통해 착륙선의 위치를 확인했다. 이제 착륙선이 회전을 해 꼭대기 부분이 보이면 도킹을 준비해야 했다.

서서히 착륙선의 꼭대기 부분이 시야에 들어오기 시작했다.

"자, 잭! 잘 부탁하네."

도킹은 잭 스위거트가 맡은 임무였다. 잭은 계기판을 바라보며 조종간을 조금씩 움직였다.

"꿀-꺽!"

긴장한 듯 침 넘어가는 소리가 짐 러벨과 프레드 헤이즈에게 똑똑히 들렸다.

사실 도킹은 그렇게 쉬운 일이 아니었다. 어쩌면 이번 달 탐사에서 가장 어려운 과제일지도 몰랐다. 켄 매팅리가 몇 주일 동안이나 모의 조종장치에서 훈련했던 것이 바로 도킹이었다. 짐 러벨은 켄이 지나치다 싶을 정도로 도킹 연습을 반복하는 것을 보았다.

그런데 잭 스위거트는 겨우 이틀을 연습했을 뿐이었다. 짐 러벨이나 프레드에게 잭이 불안해 보이는 것은 사실이었다. 하지만 지금은 같은 우주선에 탄 동료로서 잭을 믿는 수밖에 없었다.

"잭! 마음 놓고 해. 자넨 잘 할 수 있어."

짐 러벨은 잭을 격려하며 자신의 불안감을 떨쳐버리려 했다.

"도킹까지 100미터!"

프레드 헤이즈가 계기판을 보며 외쳤다. 밖에서는 달 착륙선이 점점 가까워져 오고 있었다.

"50미터…… 20미터!"

잭 스위거트는 몸을 계기판 가까이로 숙이고 도킹을 시도했다.

'단 한 번의 기회밖에 없다. 집중해서…… 집중해서, 그래, 바로 지금이야!'

사령선은 달 착륙선을 향해 빠른 속도로 다가가 마침내 쾅 하는 소리를 내며 부딪쳤다. 조금 움찔하는 느낌도 들었지만 사령선과 착륙선은 곧 안정을 찾았다. 도킹을 통해 둘은 다시 하나가 되었다.

짐 러벨은 엄지손가락을 치켜세우며 잭에게 칭찬을 건넸다.

"잭, 잘했어. 역시 대단한 실력이야."

프레드 헤이즈 역시 웃으면서 말했다.

"처음치고는 괜찮은데."

하지만 프레드는 짐과는 달리 잭에 대한 불안감이 여전히 마음속 한 구석에서 사라지지 않음을 느꼈다.

재미있는 우주 상식!

우주비행사가 되고 싶어요

신체적인 조건은 시력이 맨눈으로 0.2 이상에 교정시력이 1.0 이상, 신장은 152cm에서 193cm 사이면 된다. 공학, 생물, 물리, 수학에 관한 학사 학위가 있어야 하며, 3년 정도 관련 분야에서 일을 해야 한다. 또 조종사 경력이 있어야 하고, 회사를 다니지 않고 공부를 했을 경우 석사는 1년 정도, 박사는 3년 정도를 일한 경험이 있는 것으로 대신할 수 있다고 한다. 거기에 제트기 조종사로서 1천 시간 이상의 비행 경력까지 있어야 한다. 또한 미국의 우주 왕복선을 조종하는 비행사가 되려면 꼭 미국 시민권자여야 한다고 한다.

최초의 여성 우주비행사

1963년 6월 구소련의 우주비행사 발렌티나 텔레시코바가 여성으로서는 세계 최초로 우주비행을 기록했다. 아마추어 낙하산 동호회 회원이었던 그녀는 1963년 6월 16일, 보스토크 6호에 탑승해 지구 궤도를 48번이나 도는 71시간의 비행을 마치고 지구로 돌아왔다. 그 뒤로 19년 동안이나 여성 우주비행사는 없었다고 한다.

사령선을 폐쇄하라! 05

　도킹에 성공한 아폴로 13호는 서서히 달 궤도를 따라 돌기 시작했다. 아폴로 13호가 안정을 되찾자 대원들은 이틀 후에 있을 달 착륙에 대비해 선체를 정비하기 시작했다. 폭발이 발생한 것은 바로 그때였다.

　누구도 예기치 못한 사고는 아폴로 13호와 지휘 본부 양쪽 모두를 큰 충격에 빠지게 만들었다. 특히 아폴로 13호의 대원들은 선체가 요동치며 빙빙 돌자 당황해 어찌할 바를 몰랐다. 가장 큰 문제는 그때까지 왜, 어디서 폭발이 일어났는지조차 도무지 파악할 수 없다는 것이었다.

　가까스로 연료 밸브 잠금 버튼을 누른 짐 러벨은 다시 창 밖을 바라보았다. 더 이상 산소 가스가 누출되지 않는지 확인하기 위해서였다. 하지만 산소 가스는 조금 가늘어지긴 했지만 계속해서 새어 나오고 있었다.

"제기랄, 도대체 어디서 가스가 새는 거야?"

짐 러벨은 자신도 모르게 화를 냈다.

"잭, 산소 탱크 게이지를 확인해 봐, 얼마나 남았는지!"

"이미 많이 누출되었습니다. 이대로 간다면 2시간 정도 버틸 양밖에 없습니다."

잭 스위거트가 다급하게 외쳤다.

폭발 이후 계속된 산소 누출로 아폴로 13호에는 이미 사용할 산소가 2시간 분량밖에 남지 않았다. 더욱 큰 문제는 산소가 동력 장치에도 쓰이기 때문에 산소가 없어지면 사령선의 동력도 잃게 된다는 것이었다.

짐 러벨은 다시 잭에게 지시를 내렸다.

"잭, 예비 산소와 배터리도 확인해 봐!"

"소형 산소 탱크 1개와 배터리 3개가 있습니다."

소형 산소 탱크와 배터리는 말 그대로 '비상용'이었다. 그것들은 아폴로 13호의 생명을 조금 더 연장시켜 줄 뿐 해결책이 될 수는 없었다.

짐 러벨은 침착하려 애쓰며 생각했다.

'사령선에는 두 시간 정도 버틸 수 있는 산소가 있다. 그 시간을 이용해 아폴로 13호를 수리할 수 있을지도 모른다.'

생각을 이어가던 짐은 갑자기 무슨 생각이 난 듯 다시 계기판을 쳐다봤다.

'지구로 돌아갈 때는 어쩌지? 지구로 돌아갈 때도 산소는 필요해. 지구로 돌아갈 때를 위해 최소한의 산소는 반드시 남겨 둬야 해.'

그 때 휴스턴의 지휘 본부도 비상 사태에 대한 공포에 떨고 있었다.

"여러분! 지금 우리에게 필요한 것은 침착함입니다."

진 크란츠는 지휘 본부에 모인 사람들을 진정시키려 애썼지만 불안감이 쉽게 가라앉지는 않았다.

"계속해서 사령선의 산소가 누출되고 있습니다!"

"프레드 헤이즈 대원의 심장 박동이 위험 수준입니다!"

"이대로 가면 저들은 한 시간도 못 버팁니다!"

시끌벅적한 사람들의 목소리를 뚫고 진 크란츠의 외침이 들려왔다.

"모두들 진정하세요. 우리는 어떻게 해서든 저 우주비행사들을 지구로 무사히 돌아오게 해야 합니다."

진 크란츠는 조금 갈라진 듯한 목소리로 말을 계속 이어갔다.

"그러기 위해서 필요한 것은 걱정이 아니라 방법입니다. 저들을 무사히 지구로 오게 할 방법 말입니다."

진 크란츠의 말에 지휘 본부의 동력 담당인 마이클이 그리 밝지 않은 표정으로 이야기했다.

"지금 저들에게 가장 중요한 것은 산소입니다. 저들이 지금 버틸 산소뿐만 아니라 지구로 돌아올 때 쓸 산소가 있어야만 합니다."

마이클은 지휘 본부에 모인 사람들을 다시 한 번 바라보더니 계속해서 말을 이어갔다.

"그러기 위해서는 사령선의 동력을 모두 끄고 착륙선으로 가야 합니다."

마이클이 말을 마치자마자 착륙선을 설계한 담당자가 찢어지는 목소리로 이야기했다.

"안 돼요! 착륙선은 달에 착륙할 목적으로만 만들어졌어요. 무게를 줄이기 위해 착륙선의 벽은 종이처럼 얇게 설계되었단 말입니다. 착륙선에서 세 사람이 버틸 수는 없어요!"

두 사람의 논쟁은 진 크란츠가 끼어들면서 수그러들었다.

"사령선에 산소를 남겨 둘 방법이 그것밖에는 없겠나?"

아폴로 13호가 지구로 돌아오기 위해서는 다시 대기권을 통과해야 했다. 그리고 대기권을 통과할 수 있는 것은 사령선밖에 없었다. 대기권을 지날 때는 5000도가 넘는 열이 발생하는데 그 열에 견딜 수 있는 방열 장치는 사령선에만 있었다. 그래서 지구로 귀환하려면 사령선을 움직일 최소한의 산소를 남겨 둬야 했던 것이다.

그때 짐 러벨도 같은 생각을 하고 있었다.

'착륙선을 이용해야 해. 착륙선에는 전력 시스템이 따로 갖춰져 있으니 사령선의 산소를 아낄 수 있어.'

그 순간 불길한 생각이 짐의 머리를 스쳐갔다.

'착륙선에서 우리 셋이 버틸 수 있을까? 만약 무슨 일이 생기면 어떡하지?'

하지만 다른 방법은 없었다. 짐은 불길한 생각을 떨쳐버리려는 듯 고개를 좌우로 흔들며 생각을 정리했다.

'대기권에 갈 때까지는 착륙선에서 버텨야만 해. 위험하긴 해도 그 방법밖엔 없어.'

결정을 내린 짐은 서둘러 프레드와 잭에게 지시를 내렸다.

"프레드! 착륙선으로 가 전력을 가동시키게. 잭! 사령선의 전력을 끊어야 하니 준비하게."

마침 그 순간 무전기에서 지지직거리는 잡음과 함께 지휘 본부에서 연락이 왔다.

"아폴로 13호! 지금 바로 사령선의 전력을 낮추어라. 그리고 동시에 착륙선의 전력을 높이기 바란다."

진 크란츠의 다급한 목소리에 짐도 서둘러 대답했다.

"우리도 그러려고 이미 조치를 취했다. 착륙선의 전력을 가동시키고 사령선의 전력을 낮추고 있다."

"잘 했다, 짐 러벨! 가장 서둘러야 할 것은 컴퓨터다. 사령선의 컴퓨터가 꺼지기 전에 착륙선의 컴퓨터를 켜야 한다!"

짐 러벨은 지휘 본부의 지시 사항을 곧바로 착륙선에 있는 프레드에게 전했다.

"프레드, 빨리 착륙선의 컴퓨터를 켜!"

"벌써 스위치를 눌렀습니다. 하지만 컴퓨터가 부팅되는 데에 2시간 정도가 걸릴 겁니다."

컴퓨터는 아폴로 13호에서 가장 중요한 역할을 담당하고 있었다. 아폴로 13호의 조종뿐만 아니라 휴스턴의 지휘 본부와의 연결 역시 컴퓨터가 맡고 있었다. 그런데 당시에는 컴퓨터가 부팅되는 데 상당한 시간이 걸렸다. 특히 아폴로 13호와 같은 우주선에 설치된 컴퓨터는 데이터 양이 엄청났기 때문에 부팅되는 데 더욱 많은 시간이 걸렸다.

만약 사령선의 전력이 꺼지기 전에 착륙선의 컴퓨터가 켜지지 않는다면, 자료 전송이 되지 않아 아폴로 13호는 꼼짝없이 우주에서 길을 잃고 헤매는 우주의 미아가 되는 것이었다.

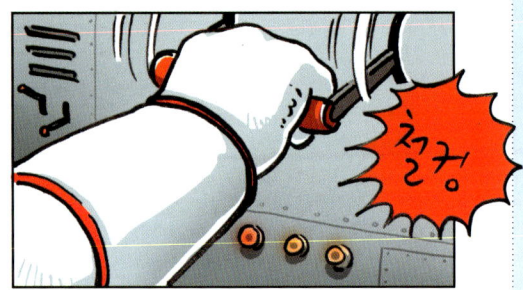

그 시각 사령선 안에서는 지휘 본부로부터의 무전 감도가 점점 나빠져 갔다. 전력을 껐으니 당연한 일이었다.

잭 스위거트는 사령선의 조종석에 혼자 앉아 마지막으로 깜빡거리며 어두워지는 계기판의 불빛을 바라보고 있었다.

'지구로 돌아갈 수 있을까?'

잭 스위거트는 창밖 저편에 있는 지구를 보자 이상한 기분이 들었다.

그는 원래 아폴로 13호에 탈 사람이 아니었다.

'켄 매팅리가 홍역에 걸리지만 않았어도 나는 지금 이런 위험에 빠지지 않았을 텐데…….'

잭은 갑자기 가슴이 뻐근해지는 것을 느꼈다. 그리고는 지구에 있는 가족들이 하나 둘 떠올랐다.

우주비행사가 되었다는 말에 빙그레 웃기만 하던 아버지, 갑자기 달에 가게 되었다고 걱정스런 눈빛으로 축하한다는 말을 건네던 어머니, 달에 간다는 말을 듣고 말없이 꼭 안아 주던 누나, 그리고…….

"잭, 이제 착륙선의 동력이 완전히 꺼졌는지 확인하고 이리로 내려와! 거긴 금방 추워질 거야."

착륙선에서 자신을 부르는 짐 러벨의 목소리를 들으며 잭은 자신의 생각을 정리했다.

'그래, 지금 그런 생각을 하는 건 소용 없어. 난 어쨌든 아폴로 13호에 타고 있고, 꼭 살아서 돌아가야 해. 다시 그 사람들을 만나기 위해서라도…….'

잭은 단순하게 생각하기로 했다.

'가장 중요한 건 지구로 돌아갈 때 다시 사령선의 동력을 가동시킬 수 있느냐는 거야.

이렇게 동력을 끈 상태로 몇 시간만 지나면 사령선은 꽁꽁 얼어버릴 텐데…….'

우주 공간은 상상할 수 없을 정도로 차가웠는데 그 온도가 영하 200도에 이를 정도였다. 그렇기 때문에 동력을 끄면 사령선은 삽시간에 냉각 상태에 빠져 들게 되었다. 다시 동력을 가동시킬 때, 계기판이 작동할 건지 배터리가 충전될 건지는 아무도 알 수가 없었다.

하지만 사령선에 지구로 돌아갈 산소를 남겨 두기 위해서는 이 방법밖에 없다는 걸 잭도 잘 알고 있었다. 그는 손을 뻗어 마지막으로 중앙 동력 꺼짐 장치의 버튼을 눌렀다.

"짐! 이제 사령선의 동력이 완전히 꺼졌습니다."

잭은 텅 빈 사령선 안을 마지막으로 돌아보고 착륙선과 연결된 터널 쪽을 향해 몸을 움직였다.

그런데 잭이 채 착륙선으로 내려오기도 전이었다. 그렇지 않아도 흔들리던 아폴로 13호가 더욱 요동을 치며 궤도에서 이탈하기 시작한 것이다.

착륙선의 동력만으로는 자기보다 몇 배 무거운 사령선의 무게를 감당하기 어려워서였다. 그렇다고 지구에 돌아갈 때 타고 갈 사령선을 분리시켜 버릴 수도 없었다.

"본부! 본부! 사령선이 우리를 끌고 가고 있다."

"아폴로 13호! 착륙선의 상승 엔진과 하강 엔진을 둘 다 점화하고 평형을 유지하도록……."

지휘 본부에서의 지시가 채 끝나기도 전에 아폴로 13호는 빙글빙

글 더욱 큰 나선을 그리며 끊임없이 흘러가기 시작했다.

"평형을 유지하는 건 불가능합니다."

착륙선의 조종을 맡은 프레드가 다급하게 말했다. 잭도 벌겋게 상기된 얼굴로 외쳤다.

"어떡하죠? 짐!"

"잠깐 잠깐, 우리가 탄 착륙선이 스스로 애를 쓰고 있는 것 같아."

"네? 그게 무슨 말입니까?"

프레드는 짐의 말을 이해할 수 없다는 듯 되물었다.

"지금 착륙선이 자동으로 움직이잖나."

짐의 대답처럼 정말 그랬다. 착륙선은 자동 조종 장치에 따라 상승 엔진과 하강 엔진을 번갈아 점화시키며 달 궤도 속에서 자신의 위치를 찾으려고 했다. 점차 시간이 흐를수록 선체의 흔들림도 줄어들었다.

짐 러벨은 크게 숨을 몰아쉬며 지휘 본부에 연락을 취했다.

"본부, 본부! 이제 우리 우주선이 안정을 되찾고 있다. 모든 동력을 착륙선으로 옮겨 왔다."

"잘 했다, 아폴로 13호! 이제 그 상태를 유지하면서 다음 지시를 기다려라!"

무전기를 통해 들려오는 진 크란츠의 목소리를 들으면서 프레드와 잭 역시 또 한 고비를 간신히 넘겼음을 깨달았다.

재미있는 우주 상식!

달의 뒷면

밤이 되면 어김없이 하늘에 둥실 떠오르는 달. 우리가 항상 보는 토끼가 절구 찧는 달의 모습은 달의 앞면이다. 그렇다면 우리는 늘 달의 앞면만 본다는 것인데, 왜 한쪽만 보이는 걸까? 바로, 달의 공전 주기와 자전 주기가 똑같기 때문이다. 우리의 눈에 보이지 않은 달의 뒷면에 대해 많은 부분이 밝혀지긴 했지만 여전히 많은 의혹과 미스터리로 남아 있다.

🌏 달에도 생명체가 있을까?

지구에서는 달의 앞면만 보이기 때문에 옛날부터 사람들은 달의 뒷면에 대해 생명체가 존재할지도 모른다는 생각 등 여러가지 상상을 해 왔다. 인류는 온갖 호기심으로 달에 대한 신비감을 간직해 왔다. 그러나 달 탐사가 이루어지면서 생명체가 존재하는 데 필요한 공기, 대기, 물 등이 달에는 없다는 것이 밝혀졌고 달은 생명체가 없는 죽은 세계로 판명났다.

자유 순환 궤도를 통한 지구로의 귀환 06

"아폴로 13호의 달 착륙 계획은 끝났소."

진 크란츠의 목소리가 지휘 본부 통제실에 메아리쳤다. 통제실은 긴장된 표정의 사람들로 가득 차 있었다. 진 크란츠는 이 사태를 어떻게 해결해야 할지를 논의하기 위해 각 팀의 책임자들을 불러 모았다.

"이 순간부터 우리의 관심을 하나로 모아야 합니다. 어떻게 하면 우주선에 있는 대원들을 무사히 지구로 돌아오게 할 수 있을까, 의논해 봅시다."

"지구로 돌아올 수 있는 궤도로 유도한 다음 추진 엔진을 재가동시켜야 합니다."

동력 담당인 마이클이 머리를 쓸어 올리며 이야기했다. 그러자 곧 선체 안전 팀원인 레이먼드가 걱정스러운 표정으로 말했다.

"그건 안 됩니다. 아폴로 13호에 손상이 있었다면 추진 엔진을 가동하는 순간 우주선 전체가 폭발할 수도 있습니다."

레이먼드의 말이 끝남과 동시에 통제실에는 침묵이 흘렀다. 레이먼드는 의자에서 일어나더니 뚜벅뚜벅 걸어 통제실 앞으로 나아갔다. 그리고는 흰색 분필을 들고 칠판에 무언가를 그리기 시작했다.

"다른 방법이 있습니다. 자유 순환 궤도를 이용해 돌아오는 방법입니다."

레이먼드는 자신이 그린 그림을 가리키며 말했다. 자유 순환 궤도란 달의 궤도를 돌다가 그 힘을 이용해 지구로 돌아오는 방법이었다. 마치 원심력에 의해 원반을 멀리 가게 만드는 원반던지기와 같은 원리였다.

그때, 착륙선 지원팀의 책임자가 큰 소리로 말하며 끼어들었다.

"그건 시간이 너무 많이 걸립니다. 지금 착륙선에는 고작 이틀치 식량과 동력이 있을 뿐입니다. 그것도 두 사람만을 위한 것이지요. 그런데 자유 순환 궤도를 이용해서 지구로 돌아오려면 적어도 4, 5일은 걸립니다."

진 크란츠는 책임자들의 이야기를 듣고 깊은 생각에 잠겨 통제실을 왔다 갔다 하기 시작했다.

'하나는 폭발의 위험이 있고, 다른 하나는 시간이 너무 많이 걸리고……'

진 크란츠의 표정에는 고뇌가 가득했다. 어느 쪽이든 결정을 내려야 했고, 결정은 전적으로 자신이 해야 했다. 아폴로 13호에 있는 대원들의 생사가 자신의 결정에 따라 바뀔 수도 있는 것이었다.

통제실을 왔다 갔다 하던 진 크란츠는 갑자기 멈춰 서서 책임자들을 향해 말했다.

"짐 러벨의 교신에 따르면 아폴로 13호에 폭발이 있었던 게 분명합니다. 그렇다면 다시 엔진을 점화하려고 할 경우 선체가 폭발할 가능성이 매우 높습니다. 그러므로 지금 우리가 선택할 수 있는 것은 자유 순환 궤도를 이용하는 방법뿐입니다."

진 크란츠가 말을 마치자마자 통제실 안에 있던 책임자들은 말할 기회를 얻기 위해 경쟁적으로 손을 들었다. 하지만 진 크란츠는 자신의 말을 이어 갔다.

"그렇다면 이제 우리가 고민해야 할 것은 단 한 가지입니다. 어떻게 4, 5일 동안 세 명의 대원이 착륙선 안에서 버티느냐 하는 것이지요."

진 크란츠가 말을 마치자 통제실에 모인 책임자들은 서로 얼굴을 바라보며 난감해했다. 결정을 내린 진 크란츠의 머리 속도 복잡하긴 마찬가지였다.

'두 사람이 이틀 동안 사용할 수 있는 동력과 산소로 세 사람이 4, 5일을 버텨야 하다니……'

하지만 어쩔 수 없었다. 결정을 내렸으니 이제 남은 일은 최선을 다하는 것뿐이었다.

진 크란츠는 회의를 마치고는 부리나케 지휘 본부로 돌아와 아폴로 13호에 연락을 취했다.

"아폴로 13호! 자네들이 지구로 돌아올 방법을 찾아냈네. 자유 순환 궤도를 이용하려고 하는데, 그런데 그게 시간이 좀 걸리는 방법이야."

"우선 착륙선의 동력과 식량을 체크하겠네."

짐 러벨은 지휘 본부로부터 연락을 받자마자 대원들에게 지시를 내렸다.

"프레드, 착륙선의 동력을 체크해 봐! 잭, 물과 식량이 얼마나 있는지 확인하고!"

"물은 아껴서 마신다면 이틀 정도는 마실 것 같습니다. 식량도 마찬가지고요."

비품을 확인한 잭이 먼저 대답했다. 프레드도 풀 죽은 목소리로 이야기했다.

"동력은 물이나 식량보다 더 먼저 바닥이 날 것 같습니다."

잭과 프레드의 보고를 들은 짐 러벨은 몸에서 힘이 빠져나가는 것을 느꼈다. 짐은 자유 순환 궤도 이용 방법에 대해 잘 알고 있었다.

'자유 순환 궤도를 이용한다면 아무리 빨라도 지구로 돌아가는 데 3, 4일은 걸려. 물과 식량은 그렇다 하더라도, 착륙선의 동력은 그렇게 못 버텨.'

짐 러벨은 힘없이 무전기 마이크에 대고 말했다.

"본부! 우리에게 물과 식량은 이틀분이 있다. 하지만 동력은 하루 남짓 쓸 정도에 불과하다."

보고를 받은 지휘 본부는 다시 웅성거리기 시작했다. 선 채로 한 손을 탁자에 지탱하고 있던 진 크란츠는 깊은 생각에 빠져 들었.

그때 전기 제어팀의 존 아서가 진 크란츠에게 다가가 말했다.

"당장 착륙선의 모든 동력을 끄게 해야 합니다. 지금 착륙선은 60암페어•의 전력을 소모하고 있습니다. 그 상태라면 착륙선의 동력은 정확히 16시간 후 바닥나고 맙니다."

존 아서는 서둘러 이야기를 이어갔다.

"동력이 없으면 지구로 귀환하는 궤도를 맞출 수 없습니다. 또 대기권으로 진입할 때 사령선의 동력을 재가동할 수도 없고요. 물론 지휘 본부와 교신을 할 수도 없습니다."

• 암페어(A) : 전류의 세기를 나타내는 단위.

그러자 진 크란츠는 억지로 존 아서의 말을 막았다.

"그래, 자네 말은 알겠네. 그러나 자네 말대로 동력을 끄면 아폴로 13호의 대원들은 당장 우주선이 어디에 있는지, 어디로 향하는지도 알 수가 없네. 그런 상태에서 어떻게 지구를 향해 올 수 있겠나?"

"할 수 있습니다. 우선 아폴로 13호의 엔진을 점화시켜 달에서 벗어나 지구로 궤도를 맞추게 합니다."

존 아서는 자신의 손이 우주선인 것처럼 부지런히 움직이며 큰 소리로 말했다.

"그 상태에서 모든 동력을 끄는 겁니다. 그리고 그대로 지구까지 미끄러져 와야 합니다. 사실 그렇게 하더라도 대기권에서 사령선을 재가동할 동력이 부족할지도 모릅니다."

이후 짐 러벨은 지휘 본부로부터 착륙선의 동력을 꺼야 한다는 지시를 받았다.

'지구 쪽으로 궤도를 맞추고 모든 동력을 끄라니……. 그럼 궤도가 맞는지 안 맞는지는 어떻게 확인하라는 거야?'

짐은 지휘 본부에서도 어쩔 수 없이 그러한 지시를 내렸다는 것을 알고 있었다. 하지만 터무니없는 지시에 부아가 치미는 것을 참기 힘들었다.

'프레드와 잭도 나와 마찬가지로 화가 날 거야. 자, 나부터 진정하고 어떻게든 지구로 돌아갈 수 있다는 확신을 이들에게 심어 줘야 해.'

"어이, 친구들! 너무 걱정 마. 다 잘 될 거야."

6. 자유 순환 궤도를 통한 지구로의 귀환

짐 러벨은 일부러 더욱 명랑하게 이야기하며 프레드와 잭의 기운을 북돋우기 위해 애썼다.

짐은 계기판의 아래쪽에 삐죽이 솟아 나온 엔진 점화 버튼을 눌렀다. 착륙선 아래에서 섬광이 번쩍하더니 아폴로 13호는 빠른 속도로 전진했다.

"아폴로 13호! 궤도를 상현 080, 우현 045로 맞추게!"

"상현 080, 우현 045!"

지휘 본부의 지시를 짐 러벨이 반복하자 프레드 헤이즈는 신중하게 조종간을 움직였다.

잠시 후 옆에서 모니터를 보고 있던 짐이 소리쳤다.

"지금이야, 프레드! 엔진 작동 중지!"

잠시 흔들리던 아폴로 13호는 엔진이 꺼지자 갑자기 안정을 되찾았다. 그리고는 지구 쪽을 향해 조금씩 움직여 나갔다.

창 뒤편에서는 달이 서서히 멀어져 가고 있었다.

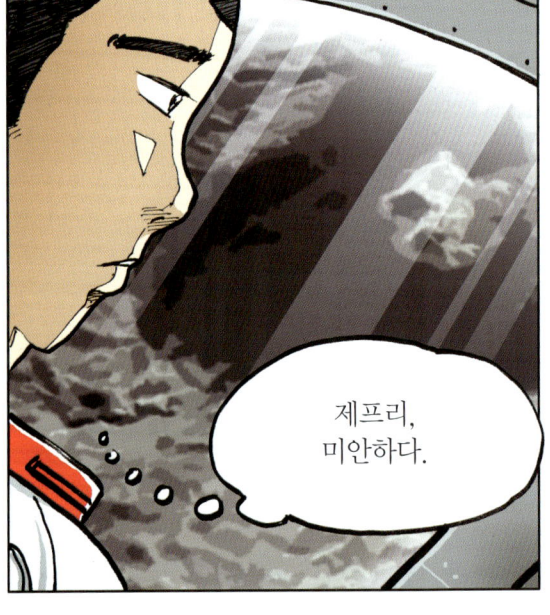

사고가 일어난 후 전 세계 사람들의 관심은 휴스턴의 지휘 본부에 집중되었다. 사실 사고가 나기 전까지 아폴로 13호는 관심의 대상이 되지 못했다. 이미 아폴로 11호, 12호가 달에 착륙했기 때문에 이번 달 탐사는 방송국에서조차 외면할 정도였다.

그런데 사고가 발생하자 전 세계의 사람들이 아폴로 13호에 관심을 갖기 시작했다. 세계의 방송국과 신문사들이 관심을 보이며 지휘 본부로 모여들었고, 그들은 진 크란츠를 비롯한 지상의 대원들에게 끊임없는 질문을 퍼부었다. 왜 사고가 났는지, 다친 사람은 없는지, 아폴로 13호의 손상은 어느 정도인지…….

기자들의 높아져만 가는 관심과는 달리 지휘 본부에 모인 사람들은 조금씩 지쳐 갔다. 사고가 터진 지 벌써 사흘이 지나가고 있었다. 그리고 아폴로 13호가 성공적으로 돌아온다고 하더라도 앞으로 사, 나흘은 걸려야 했다. 몇몇의 담당자들은 새로운 상황이 생길 때마다 뛰어다녔고, 또 다른 사람들은 지휘 본부 주위에 설치된 간이 침대에서 잠을 자기도 했다.

지휘 본부의 중앙에 서서 모니터를 뚫어져라 보고 있던 진 크란츠에게 의료팀의 책임자가 다가왔다.

"심각한 문제가 발생했습니다."

의료팀의 책임자는 금방 출력한 종이를 진 크란츠에게 보이면서 이야기를 이어 갔다.

"착륙선의 이산화탄소 수치가 너무 높습니다."

"착륙선에는 공기 청정기가 설치되어 있지 않나?"

진 크란츠는 조금 지친 듯 오른손으로 두 눈썹 사이를 누르며 물었다.

"아니오, 있습니다. 하지만 그것은 두 사람이 사용하도록 설계되었습니다. 세 사람이 3, 4일을 버틸 수는 없습니다."

의료팀의 책임자는 출력한 종이를 내려다보면서 다시 말을 이었다.

"벌써 이산화탄소 수치가 8을 넘었습니다. 수치가 12나 13이 되면 대원들의 판단력이 흐려지게 되고, 15에 이르면 정신을 잃게 될 겁니다. 그러면 뇌에 손상을 입을지도 모릅니다."

"사령선에 있는 공기 청정기를 가져와서 쓰면 어떻겠나? 사령선의 공기 청정기는 세 사람이 사용하게 되어 있지 않나?"

의료 책임자는 고개를 저으면 말을 이어 갔다.

"사령선에도 공기 청정기는 있지만 그건 네모난 모양입니다. 착륙선에는 둥근 것만 사용하게 되어 있습니다."

사령선에도, 착륙선에도 공기 청정기는 있었다. 그렇지만 사령선에는 사각형의 공기 청정기가, 착륙선에는 둥근 모양의 공기 청정기가 설치되어 있었다. 사령선의 공기 청정기를 떼어다가 착륙선에서 사용하게 될 줄은 몰랐기 때문이었다. 아니 누구도 세 사람의 우주 비행사가 착륙선을 이용해 지구로 돌아올 것이라고는 예상하지 못했기 때문이었다.

"그럼 저들은 얼마나 버틸 수 있을까?"

"이 상태대로 간다면 두세 시간, 길어야 네다섯 시간입니다."

진 크란츠는 다시 비상 사태가 발생했음을 알았다. 곧바로 지휘 본부에 설치된 마이크에 대고 큰소리로 외쳤다.

"비상 대기 팀! 지금 즉시 통제실로 오도록."

잠시 후 진 크란츠는 큰 자루를 어깨에 메고 통제실에 나타났다. 이미 비상 대기 팀원 7명은 통제실에 모여 있었다.

잠시 비상 대기 팀을 훑어본 진 크란츠는 통제실 중간에 있는 큰 탁자에다 메고 온 자루 속의 물건들을 풀어놓았다. 거기에는 수건, 물통, 식품 봉지, 비행 일지, 전선 등 온갖 것들이 들어 있었다.

"자, 이건 아폴로 13호의 착륙선에 있는 물품들일세."

무겁게 입을 연 진 크란츠는 양손에 둥근 공기 청정기와 네모난 공기 청정기를 들었다.

"자네들은 이 물건들을 이용해 어떻게든 네모난 공기 청정기를 둥근 모양으로 바꾸어야 하네. 가능한 한 빨리!"

비상 대기 팀도 이미 상황을 알고 있었다. 다행스러운 것은 착륙선의 둥근 공기 청정기가 사령선의 네모난 공기 청정기보다 크다는 것이었다. 네모난 공기 청정기에 무언가를 덧대면 둥글게 만들 수 있을 것 같았다.

비상 대기팀은 서로 의논을 거듭하면서 네모난 공기 청정기에 탁자 위에 있는 물건들을 이것저것 갖다 대 보았다. 하지만 쉬운 일이 아니었다. 특히 한정된 시간 안에 해내기에는······.

40분쯤 흘렀을 때였다. 비상 대기 팀원 한 명이 지휘 본부로 헐레벌떡 뛰어왔다.

"성공입니다! 공기 청정기를 둥글게 만들었습니다!"

진 크란츠는 다급하게 아폴로 13호에 연락을 취했다.

"아폴로 13호! 아폴로 13호!"

"예, 본부! 무슨 일입니까?"

"아폴로 13호! 지금 착륙선의 이산화탄소 수치가 13에 도달했다. 수치를 낮추기 위해 자네들이 급히 해야 할 일이 있다."

연락을 받은 프레드가 계기판을 보니 정말 이산화탄소 수치가 13에 도달해 있었다. 놀란 프레드는 급히 되물었다.

"예, 확인했습니다. 어떻게 해야 합니까?"

"당황하지 말고, 먼저 사령선으로 가서 공기 청정기를 떼어 오게."

진 크란츠의 말이 끝나기도 전에 잭 스위거트가 사령선 쪽을 향해 움직였다.

"그리고 착륙선 안에 있는 비행 프로그램 안내서를 꺼내게."

프레드는 이렇게 다급한 순간 안내서를 어디다 쓰려는지 의아해하면서도 시키는 대로 했다. 그때 잭이 얼어붙은 사령선에서 공기 청정기를 간신히 떼어 내 착륙선으로 돌아왔다.

"안내서의 딱딱한 겉장을 뜯어내게. 그리고 양말도 몇 개 필요하네."

프레드와 잭은 본부의 지시대로 우선 급히 양말을 벗어 사령선에서 떼어 온 공기 청정기 주위에 덧대었다. 그리고 그 둘레를 안내서의 겉장을 뜯어서 두르고 철사로 고정시켰다. 그러저럭 공기 청정기가 둥근 모양으로 바뀌었다.

"양말 중간 중간의 빈틈을 비닐로 메우게. 꼼꼼히 하게. 공기가 새어서는 안 되네."

지휘 본부의 지시에 잭은 착륙선에 있는 비닐이란 비닐은 모두 가져와 양말 중간 중간을 메웠다. 그랬더니 얼추 착륙선의 공기 청정기 모양과 비슷해졌다.

"착륙선에 있는 공기 청정기를 떼어 내고 그 자리에 그것을 붙이고 가동시키게!"

짐 러벨은 서둘러 착륙선의 공기 청정기를 떼어 내고 그 자리에 프레드와 잭이 만든 공기 청정기를 갖다 맞추었다. 그리고는 서둘러 가동 스위치를 눌렀다. 미동도 않던 공기 청정기가 잠시 후 반가운 소리를 내며 작동하기 시작했다.

"위-잉!"

공기 청정기가 가동되고 나서 지휘 본부에서 연락이 왔다.

"잘 했다, 아폴로 13호! 이산화탄소 수치가 떨어지기 시작했다."

짐 러벨은 착륙선의 계기판에 이산화탄소 수치가 10, 9를 거쳐 계속해서 아래로 내려가고 있음을 확인한 후 긴장이 풀린 듯 좌석 등받이에 몸을 기댔다.

재미있는 우주 상식!

우주복을 입지 않고 우주선 밖으로 나가면 어떻게 될까?

인간은 고도 9km만 올라가도 생명의 위협을 받는다. 질소가 혈액 속으로 녹아 들어가 피의 흐름을 막기 때문이다. 20km 정도의 고도가 되면 대기압이 낮아서 세포에 기포가 생기며 혈액이 끓어오르게 된다. 인간은 고도가 높아지는 것만으로도 살기 힘든 상황에 처한다. 이렇게 나약한 인간이 맨몸으로 우주 공간에 나가게 된다면 어떻게 될까? 끔찍한 결과가 예상이 되기는 하지만 과학적으로 그 과정을 차근차근 살펴보자.

인간의 몸은 1기압을 유지하고 있다. 지구의 대기압이 몸을 1기압으로 누르고 있기 때문에 몸 안에서 같은 힘으로 밀어내고 있는 것이다. 하지만 우주 공간은 진공 상태로 기압이 0이다. 우주복을 입지 않은 상태로 우주 공간에 나가게 되면 1기압과 0기압의 압력 차로 인해 몸이 터져 버릴 것이다.

또한 기압이 낮아지면 액체의 끓는점이 낮아진다. 즉, 높은 산에서 밥을 하면 물이 100℃보다 낮은 온도에서 끓기 때문에 밥이 잘 되지 않는 원리와 같다. 이와 같이 기압이 0인 우주에서는 상온에서도 사람의 혈액이 끓어오르게 되어 죽게 된다.

달의 온도 변화

달의 온도 변화는 상상 이상으로 심하다. 낮에는 온도가 수백 ℃까지 올라가고 밤이 되면 영하 100℃ 이하까지 내려간다. 이것은 지구와 달리 달에는 공기가 없기 때문이다. 공기가 있으면 공기 전체가 더워지거나 차가워지며 온도 조절을 한다. 그러나 공기가 없으므로 햇빛을 받으면 바로 온도가 급격히 상승하고, 햇빛이 없어지면 바로 영하 100℃ 이하로 내려가 버리는 것이다.

대원들 간의 갈등 07

1970년 4월 16일 목요일, 사고가 발생한 지 나흘이 지나가고 있었다.

짐 러벨은 많이 지쳐 있었다. 계속해서 머리가 띵한 데다가 작은 일에도 짜증이 났다.

이미 착륙선 안은 엉망이었다. 쓰레기와 소변이 든 봉지, 온갖 종이들, 잡동사니가 착륙선 내부를 떠다니고 있었다. 동력을 껐기 때문에 쓰레기 배출구를 가동할 수 없기 때문이었다.

다른 대원들 역시 눈에 띄게 지쳐 갔다. 특히 프레드 헤이즈는 전날부터 안색이 창백하더니 몇 시간 전부터 추위를 느끼며 괴로워했다. 며칠 동안 계속해서 무리를 한 까닭에 감기에 걸린 것 같았다.

"프레드! 괜찮아?"

"예! 괜찮습니다. 열이 조금 날 뿐인데요."

대답은 그렇게 했지만 조종간을 잡은 프레드의 손은 조금씩 떨리고 있었다. 입에서도 가끔씩 신음 소리가 새어 나왔다. 잭 스위거트는 무슨 일인지 얼마 전 꽁꽁 얼어 버린 사령선에 가서 돌아오지 않고 있었다.

짐 러벨은 창 밖으로 보이는 깜깜한 우주를 바라보았다.

'지금 이 시간에 아내와 아이들은 무엇을 하고 있을까? 아마 내가 무사히 돌아오기를 간절히 바라고 있겠지.'

짐의 생각은 막내 제프리에게로 이어졌다.

"아빠, 만약 우주선에 사고가 생기면 어떻게 해?"

크고 푸른 눈을 깜빡이며 우주선에 사고가 생기면 어떻게 하느냐고 걱정스러운 듯 묻던 제프리.

'그때 내가 뭐라고 대답했었지? 아마 그럴 리 없다고 걱정하지 말라고 했던 것 같은데……'

짐은 빙긋이 웃으며 생각을 이어 갔다.

'지금처럼 정말 사고가 생겼는데 어떡할 거냐고 제프리가 다시 내게 묻는다면 뭐라고 대답해야 할까? 걱정하지 말라고? 아니, 내가 제프리에게 해 줄 수 있는 대답은 아빠는 반드시 지구로 돌아간다는 걸 거야.'

지구에 있는 가족들을 생각하며 잠시 우울했던 짐 러벨은 다시 생각을 가다듬었다.

'지금 내가 해야 할 건 잠깐이라도 잠을 자는 일이야.'

짐 러벨은 사고가 발생한 후 제대로 눈을 붙인 적이 없음을 깨닫고 어떻게든 잠을 청해 보려 했다. 하지만 긴장은 좀처럼 누그러지지 않아 한동안 계속해서 뒤척였다. 그리고 겨우 잠이 들 무렵이었다.

"지지직, 지지직. 아폴로 13호! 아폴로 13호!"

짐은 지휘 본부로부터 온 무전 소리에 깜짝 놀라 잠을 깼다. 그리고는 급히 무전기가 있는 쪽으로 몸을 굽혔다.

"짐 러벨! 의료팀에서 자네의 신체 수치가 위험 수준에 이르렀다고 한다. 지금 바로 수면을 취하는 게 좋겠다."

본부로부터 연락을 들은 짐은 힘이 빠진 듯 다시 등받이에 몸을 기댔다. 그런데 갑자기 자신도 모르게 화가 솟구치는 것을 느꼈다.

'겨우 잠이 들었는데 깨워 놓고는 잠을 자라고?'

짐 러벨은 점점 더 화가 났다. 거칠게 무전기를 잡고는 거기에 대고 큰소리로 외쳤다.

"본부, 잘 알았습니다! 하지만 전 사람입니다. 기계가 아니라고요!"

짐 러벨은 본부에서 과학 실험이라도 하듯 수치에 맞춰 지시를 내리는 데 짜증이 났다. 짐은 윗옷을 걷어 올리더니 자기 몸에 붙어 있는 여러 개의 전선 중 하나를 떼어 버렸다. 그 전선들은 지휘 본부의 의료팀에서 아폴로 13호 대원들의 신체 상태를 파악하기 위해 붙여 놓은 것이었다.

그 순간 지휘 본부의 의료팀은 혼란에 빠졌다.

"삐삐! 삐삐! 삐삐! 뼉………………"

대원들의 신체 상태를 나타내는 그래프 하나가 규칙적으로 움직이다가 아예 멈춰 버린 것이었다.

의료팀의 책임자는 황급히 진 크란츠에게 외쳤다.

"짐 러벨의 심장 박동이 파악되지 않습니다."

"짐 러벨! 짐 러벨! 자네의 심장 박동을 체크할 수 없다. 어떻게 된 일인지 보고하라."

짐 러벨은 진 크란츠의 지시를 무시하고 다시 옷을 걷어 올려 나머지 전선들도 모두 떼어 버렸다. 그래도 화가 풀리지 않는 듯 씩씩대며 말했다.

"더 이상 내 몸의 구석구석을 모든 사람들이 알게 내버려 두진 않겠어!"

프레드는 고열로 괴로워하며 짐 러벨의 행동을 안타까운 듯 쳐다보았다. 짐은 전선들을 다 떼어 던져 버리고는 자기 자리에 몸을 던졌다.

지휘 본부에서는 의료팀의 책임자가 걱정스러운 표정으로 진 크란츠에게 물었다.

"대체 어떻게 된 일이죠? 짐 러벨 대원의 신체 지수 그래프가 아예 꺼졌습니다."

"그냥 두는 게 좋겠어. 짐의 신경이 많이 날카로워진 것 같군!"

진 크란츠는 무전을 통해 짐 러벨의 말을 듣고는 어떤 상황인지를 파악했다. 그리고 아폴로 13호의 대원들이 지휘 본부의 간섭으로부터 조금 자유로울 필요가 있다고 생각했다.

그때 아폴로 13호에서는 사령선에 갔던 잭 스위거트가 추위에 언 몸을 비비며 돌아왔다. 잭은 잠시 망설이다가 결심한 듯 짐과 프레드에게 이야기했다.

"무언가 이상합니다. 아폴로 13호의 궤도가 잘못된 것 같습니다."

"여전히 동력이 문제입니다. 지금 남아 있는 동력만으로 아폴로 13호가 지구로 돌아오기는 힘듭니다."

전기 제어팀의 존 아서는 심각한 표정으로 진 크란츠에게 이야기했다.

"문제는 착륙선의 배터리입니다. 대기권에 진입하기 위해서는 사령선의 동력을 재가동해야 합니다. 그런데 지금 착륙선에 있는 배터리로는 불가능합니다."

"그럼 어떻게 해야 하나?"

사고 이후 잠시도 제대로 된 휴식을 취하지 못한 진 크란츠는 지끈거리는 머리를 손으로 누르며 물었다.

"저도 잘 모르겠습니다. 우선 해야 할 일은 이번 아폴로 13호 계획에서 전력 부분에 관계했던 기술자들을 모두 불러 모으는 것입니다."

존 아서는 침을 한 번 꿀꺽 삼키고는 나지막이 이야기했다.

"전등 하나, 컴퓨터 진공관 하나에 들어가는 동력이 얼마나 되는지 전부 파악해야 합니다. 어떻게든 동력을 마련해야 하니까요."

곧바로 아폴로 13호 계획의 전력을 담당했던 기술자들이 모두 모였다. 하지만 통제실 가득 모인 그들은 어떻게 해야 할지 몰라 허둥대고 있었다.

같은 시각, 아폴로 13호 안의 사정도 무척이나 좋지 않았다. 짐 러벨이 끼어들어 싸움은 멈췄지만 프레드와 잭은 여전히 서로에게 날카로웠다.

제대로 휴식을 취하지 못한 짐의 신경도 날카롭기는 마찬가지였다. 더욱 큰 문제는 프레드의 몸 상태였는데, 감기가 더욱 심해져 열이 떨어지질 않고 있었다.

프레드는 고열로 온몸이 떨리는 것을 느끼며 머리를 좌석 등받이에 기댔다. 창을 통해 깜깜한 우주 공간이 보였고 그 가운데 몇 개의 별이 반짝이고 있었다. 프레드는 눈을 감고 지구에 있는 가족들을 떠올렸다.

"아빠는 이번에 무슨 일을 해요?"

출발이 얼마 남지 않았을 때 쌍둥이 중 동생인 낸시가 아빠가 이번 달 탐사에서 어떤 임무를 맡았는지 천진난만하게 물었다.

"아빠는 짐 아저씨를 착륙선에 태우고 달에 갈 거야. 그래서 달에 사뿐히 내려앉는 거지."

"와! 그럼 아빠가 제일 중요한 일을 하는 거네?"

"아냐, 그래도 대장은 짐 아저씨야. 그렇지, 아빠?"

쌍둥이 중 언니인 제인이 동생의 말에 아는 척을 했다.

"달까지 가는 우주선을 조종하는 사람이 제일 높은 사람이지. 뭐, 맞지, 아빠?"

낸시도 언니의 말에 지지 않고 대꾸했다.

제인과 낸시가 말다툼을 하는 중에도 프레드의 아내는 걱정스러운 표정으로 남편을 바라보고 있었다.

프레드는 고열로 덜덜 떨리는 두 손을 꽉 쥐고는 혼잣말을 했다.

"낸시! 아빤 달에 착륙하지도 못했단다. 하지만 짐 아저씨와 잭 아저씨를 태우고 지구까지는 무사히 날아가마, 꼭!'

그때 지휘 본부의 통제실에는 반가운 얼굴이 나타났다. 바로 켄 매팅리였다.

"아니, 켄!"

"미안합니다. 사정이 있었어요."

"몸은 괜찮은 거야?"

"불행히도 그렇네요. 그나저나 어떻게 된 겁니까?"

켄 매팅리의 농담에 진 크란츠는 웃을 수 없었다. 의사의 예상대로라면 켄은 지금쯤 홍역을 앓고 있어야 했다. 하지만 그는 조금도 아프지 않았다.

사실 아폴로 13호에 사고가 발생한 후 진 크란츠는 제일 먼저 켄이 떠올랐다. 켄보다 아폴로 13호를 잘 알고 있는 사람은 없었기 때문이었다. 켄은 마치 자기 몸처럼 아폴로 13호의 구석구석을 정확히 파악하고 있었다.

그래서 곧바로 켄에게 전화를 걸었지만 연결이 되지 않았다. 켄에게 연락이 되지 않는 것은 당연한 일이었다. 켄 매팅리는 아폴로 13호에 탑승하지 못했다는 실망감에 텔레비전도 끄고 전화 코드도 뽑아 놓고 있었다. 집 밖에는 단 한 번도 나가지 않은 채.

그리고 바로 몇 시간 전, 나흘만에 다시 텔레비전을 켠 켄은 아폴로 13호에 사고가 생겼다는 것을 알고 곧바로 지휘 본부로 달려온 것이었다. 진 크란츠는 지금 이 순간 켄이 다른 누구보다 반가웠다.

"그래, 지금 아폴로 13호는……."

켄 매팅리는 마음이 급한 듯 진 크란츠가 하려는 이야기를 가로막

고 말했다.

"대강 상황은 들었습니다. 지금 아폴로 13호의 전력은 얼마나 남아 있습니까?"

이미 켄은 모든 상황을 짐작하고 아폴로 13호의 상태에 대해 물었다.

"확실히 알 수 없어요. 하지만 지구로 돌아오기에 충분치 않다는 것만은 분명해요."

켄 매팅리가 지휘 본부에 왔다는 이야기를 듣고 통제실로 온 존 아서의 대답을 듣고 켄이 조용히 말했다.

"그럼 모든 전력을 최소화해야 합니다. 전등 하나, 스위치 하나도요. 무전기도 꺼야 할지 모릅니다."

"예, 그래도 우린 어디서 부족한 전력을 끌어와야 하는지 아직 파악하지 못했습니다."

존 아서의 자신 없는 말에 켄은 무언가를 결심한 듯 진 크란츠를 향해 분명하게 이야기했다.

"제가 모의 조종 장치에 들어가겠습니다. 아폴로 13호의 지금 상태와 모의 조종 장치 안의 상태를 똑같이 해 주십시오."

"그건 안 되네. 지금 아폴로 13호의 사령선은 꽁꽁 얼어 붙어 있는 상태야!"

진 크란츠의 만류에 켄은 단호히 말했다.

"반드시 아폴로 13호와 똑같은 상황이어야 합니다. 그래야 문제를 해결할 수 있습니다. 그리고 전 지금도 아폴로 13호의 대원 중 한 명입니다."

켄 매팅리가 서둘러 모의 조종 장치 안으로 들어가려 하자 기술자 한 사람이 뛰어와 커다란 손전등을 가져다주며 말했다.

"이게 필요할 겁니다. 동력을 차단해 깜깜하거든요."

켄은 손전등을 한 번 힐끗 보고는 그에게 말했다.

"지금 아폴로 13호 안에 이런 물건은 없소. 그들이 지니지 않은 건 나도 지닐 수가 없소."

켄은 말을 마치자마자 두꺼운 동력 장치 설명서를 들고는 차가운 모의 조종 장치 안으로 들어갔다. 잠시도 머뭇거릴 시간이 없다는 것을 잘 알고 있기 때문이었다.

재미있는 우주 상식!

달의 바다 1

커다란 천체가 달과 충돌하면 달 표면에는 충돌 분지가 생성된다. 달에서는 38억 년 전부터 33억 년 전 사이에 대규모의 화산 활동이 일어났는데, 이 때 유동성이 큰 현무암질 용암이 지하 수백km에서 분출되었다. 달의 바다는 이 용암이 달 표면에 생성된 충돌 분지에 흘러들어 생긴 용암 대지이다. 현무암으로 이루어진 바다는 그 구성 성분에 있어서 지구의 해양 지각이나 화산에서 분출된 용암과 매우 비슷하다.

추위의 바다 추위의 바다는 겉모습이 가장 특이한 모양의 바다이다. 추위의 바다는 달의 다른 바다들처럼 둥근 평원 모양이 아니라 길이가 1,130km이며, 폭은 최대 70km도 되지 않아서 길쭉한 모양이다. 전체 넓이는 고요의 바다와 비슷하다. 내부에는 커다란 크레이터*들이 별로 없는 반면에, 주위에는 엔디미온, 아틀라스, 헤르쿨레스, 아리스토텔레스, 플라토 등의 유명한 크레이터들이 둘러싸고 있다.

비의 바다 크기가 폭 1,100km, 길이 1,200km 정도로 달 표면에 있는 바다 중에서 가장 크다. 비의 바다에는 아주 인상적인 지형들이 많이 있는데 무지개 만, 아르키메데스, 에라토스테네스, 아펜닌 산맥과 알프스 산맥 등이 그것이다. 여기에 있는 몇 개의 열구 중 해들리 열구는 아폴로 15호의 착륙지이다.

맑음의 바다 달 표면의 북동부에 위치한 맑음의 바다는 달의 바다 중에서 가장 오래된 것이다. 맑음의 바다는 약 38.7억 년 전에 소행성의 충돌에 의해 생긴 분지 지형이 용암으로 채워져서 생겨난 것이다. 다른 바다들과 마찬가지로 내부는 평평하며, 일부 존재하는 소규모의 크레이터 외에는 별 특징이 없다. 폭 580km, 길이 680km이다.

*크레이터 : 행성, 위성 따위의 표면에 보이는 움푹 파인 큰 구덩이 모양의 지형.

수동 조종으로 궤도를 수정하라! 08

"지지직, 아폴로 13호! 아폴로…… 지지직."

잡음을 내며 다시 지휘 본부에서 무전이 왔다. 이번에는 좋은 소식이기를 바라며 짐 러벨은 무전기 가까이로 갔다. 또 다른 나쁜 소식을 감당하기에는 세 사람 모두 너무 지쳐 있었다.

"문제가 발생했다! 지휘 본부의 계산으로 아폴로 13호의 궤도가 조금 어긋났다고 한다."

역시 좋은 소식이 아니었다. 잭 스위거트의 예상대로 아폴로 13호는 잘못된 궤도를 날고 있었던 것이었다.

"그대로 가면 대기권에 진입하기 힘들다고 한다."

진 크란츠의 목소리가 이렇게 듣기 싫었던 적은 처음이었다. 하지만 어쩔 수 없었다. 다시 살아서 지구로 돌아가기 위해서는…….

짐은 지친 목소리로 대꾸했다.

"잭의 계산에서도 그랬다. 우리가 어떤 조치를 취하면 되는가?"

"아폴로 13호! 다시 한 번 궤도 수정을 해야겠다."

짐의 입에서 '끄응' 하는 신음 소리가 새어 나왔다. 그는 자신들에게 궤도 수정을 할 정신과 기력이 남아 있는지조차 의심스러웠다.

특히 프레드 헤이즈의 상태는 매우 좋지 않았다. 열이 떨어지지 않았을 뿐 아니라 가끔씩 정신을 잃기도 했다. 마실 물이 부족해 열을 떨어뜨릴 방법도 없었다.

"알았다, 본부! 궤도 수정을 위해 컴퓨터 유도 장치를 켜겠다."

"아니다, 아폴로 13호! 유도 장치를 작동시키지 말라!"

짐은 물론 잭 스위거트도 자신의 귀를 의심했다. 궤도를 수정하라면서 컴퓨터 유도 장치를 켜지 말라니.

"아폴로 13호! 지금 우주선에는 유도 장치를 작동시키는 데 사용할 동력이 없다. 지금 유도 장치를 켜면 나중에 사령선을 가동시킬 수 없다."

짐은 침착함을 잃지 않으려 애썼지만 이 상황에 퉁명스럽게 말이 나가는 것까지는 어쩔 수 없었다.

"그럼 어떻게 하면 되나, 본부? 별을 보고 궤도를 수정하라는 건가?"

"다른 방법이 없다. 착륙선의 엔진을 재점화시키고 수동 조종을 통해 궤도를 수정하라!"

진 크란츠의 말이 끝나자 아폴로 13호에는 잠깐 정적이 흘렀다. 짐 러벨과 잭 스위거트는 서로의 얼굴을 바라보았다. 진 크란츠의 말에 프레드도 정신을 차리고 놀란 눈빛으로 짐을 바라보았다.

　수동 조종이란 사람이 직접 우주선을 조종하는 것으로, 컴퓨터가 우주선 조종에 사용된 이후 사용되지 않는 방법이었다.

　'수동 조종이라니? 이번 탐사를 위해 혼자서 몇 번 연습을 해 보긴 했지만……'

　짐 러벨은 잠시 계기판을 뚫어지게 바라보며 생각했다.

　'프레드와 잭은 한 번도 수동 조종을 해 본 경험이 없어. 게다가 지금 프레드의 몸 상태는 우주선을 조종할 수 없을 정도야.'

　사실 짐도 지금과 같은 상태에서는 수동 조종을 제대로 해 낼 자신이 없었다. 하지만 자신 없는 모습을 대원들에게 보일 수는 없었다. 자신은 아폴로 13호의 운명을 책임진 선장이기 때문이었다.

　"알았다, 본부! 수동 조종으로 궤도를 수정하겠다."

　짐 러벨은 짧게 대답한 후 무전기를 껐다. 그리고 잭과 프레드를 향해 어느 때보다 자신에 찬 목소리로 말했다.

　"자, 이번엔 정말 우리 셋이 힘을 합쳐야 해. 엔진을 재가동하게 되면 내가 먼저 십자판에 지구를 맞출게."

　짐은 한 마디 한 마디 또박또박 정확하게 지시 사항을 전달했다.

　"잭! 잭은 시간을 측정해 줘. 그리고 창 밖으로 보이는 지구에서 시선을 떼지 말아. 혹시 내가 지구를 시야에서 놓칠 수 있으니까. 프레드! 많이 힘들겠지만 자네는 내가 지시를 하는 순간 엔진을 멈춰야 해. 1초도 어긋나서는 안 돼."

　잭 스위거트는 짐의 지시를 받고 우선 정확한 시간을 체크했다. 그리고 창 밖으로 시선을 돌려 지구의 위치를 확인했다.

프레드도 자기 좌석에서 몸을 꼿꼿이 세우고 정신을 가다듬으려 했다. 그런데 아무리 정신을 가다듬으려 노력해도 생각대로 되지 않았다. 온몸이 떨려 자신이 맡은 임무를 제대로 할 수 있을지도 확신이 서질 않았다.

'그래도 어쩔 수 없어. 이건 내가 해야 할 일이야.'

프레드는 감기는 눈을 억지로 뜨며 두 손으로 조종간을 꽉 붙들

었다.

'아내와 아이들을 다시 보기 위해서라도 반드시 해내야 해. 여보! 제인! 낸시! 아빠가 잘 해내길 빌어 줘!'

생각을 마친 프레드가 떨리는 손으로 계기판의 녹색 버튼을 누르자 아폴로 13호는 잠시 움찔하더니 불꽃을 내뿜으며 빠른 속도로 전진했다.

짐 러벨은 서둘러 조종간을 쥐고 경사 조종 장치의 십자판과 지구를 일직선에 놓으려고 애썼다. 그런데 그 순간 아폴로 13호가 잠시 요동을 치며 궤도에서 비껴 났다.

"이런, 지구를 놓쳤어. 잭, 지구가 어느 쪽에 있나?"

짐 러벨은 십자판에서 눈을 떼고는 다급한 목소리로 잭에게 물었다.

"저, 저 6시, 아니 7시 방향입니다."

당황한 잭이 말을 더듬으며 지구의 위치를 확인했다. 짐은 7시 방향을 살피면서 다시 십자판에 눈을 갖다 댔다.

"잭! 카운트다운을 해 줘."

짐이 경사 조종 장치를 유지하려 애쓰며 잭에게 외쳤다.

"10, 9, 8, 7, 6, 5, 4, 3, 2, 1!"

"지금이야, 프레드! 엔진을 멈춰."

정신을 가다듬던 프레드가 계기판 중앙의 빨간 버튼을 누르자 우주선의 흔들림이 순식간에 멈췄다.

"잘했어, 잭! 프레드! 자네들은 정말 뛰어난 조종사들이야. 이제 우리에게 남은 일은 행운을 기다리는 것뿐이야."

수동 조종을 통해 아폴로 13호의 궤도를 수정한 짐 러벨은 갑자기 온몸에 힘이 빠지는 것을 느꼈다. 긴장이 풀려서 그런 듯했다.

하지만 짐은 지친 팔을 뻗어 다시 무전기를 켰다. 임무를 무사히 수행했음을 지휘 본부에 알리기 위해서였다.

켄 매팅리는 차갑고 어두운 모의 조종 장치 안에서 계기판을 바라보며 생각에 잠겨 있었다.

'이렇게 꽁꽁 언 사령선의 동력을 다시 켤 수 있을까? 계기판은 다시 작동될까?'

아폴로 13호에 탄 세 사람이 다시 돌아올 수 있기 위해서는 무엇보다 사령선의 동력을 재가동해야 했다. 대기권을 통과할 때 뜨거운 열을 막아 줄 방열판은 사령선에만 있기 때문이었다.

'가장 중요한 것은 전력이야. 사령선을 재가동시켜 지구로 진입하는 데 필요한 전력!'

켄은 무전기에 입을 대고 이야기했다.

"존! 사령선이 지구로 돌아오는 데 필요한 전력은 얼마쯤인가요?"

모의 조종 장치 바깥에서 대기하고 있던 존 아서는 자기 앞에 있던 서류 더미에서 종이 한 장을 찾아 유심히 살펴보며 대답했다.

"최소한 20암페어가 필요합니다. 사령선을 재가동시켜……."

"지금 아폴로 13호에 남아 있는 전력은 얼마나 되나요?"

켄은 존 아서의 대답을 다 듣지도 않고 다시 궁금한 것을 물었다.

"에……, 정확하지는 않지만 12에서 13암페어 정도일 겁니다."

'그럼 7, 8암페어 정도가 부족하군. 어떻게든 전력을 보충해야겠는데…….'

켄 매팅리는 어두운 표정을 지으며 계기판의 이곳저곳을 유심히 살펴보았다. 모의 조종 장치 안은 너무나 차가워 그의 손과 발은 이미 감각을 잃은 상태였다.

켄은 옆에 놓아 둔 동력 장치 설명서를 들고 와 무릎에 올려놓고는 얼어붙은 손을 비벼 가며 한 장씩 한 장씩 넘겼다. 켄은 입으로 작은 손전등을 물고 있었는데, 그 손전등은 사령선에 원래 비치된 것으로 그렇게 밝지 않았다. 그래서 손전등을 동력 장치 설명서에 아주 가까이 가져가야 겨우 설명서를 읽을 수 있었다.

'아까 그 손전등을 받아 올 걸 그랬나? 아니야, 아폴로 13호에 그런 손전등은 없어. 그들이 지니지 않은 걸 내가 지닐 순 없지.'

켄 매팅리가 아폴로 13호를 구하기 위해 어두운 손전등으로 계기판과 동력 장치 설명서를 번갈아 보며 애쓴 지 1시간 이상 흘렀을 때였다.

"존 아서! 존 아서! 무전기를 받아요, 빨리!"

다시 존 아서의 무전기에서 켄의 목소리가 흘러나왔다. 존 아서는 서둘러 무전기를 손에 들고 귀를 기울였다.

"착륙선에 배터리가 남아 있지 않나요?"

"예, 얼마간은 남아 있을 겁니다."

흥분한 켄의 목소리가 계속 이어졌다.

"사령선에서 착륙선에 전력을 공급하는 케이블도 있는 걸로 아는데요?"

"예, 그건 사령선에서 착륙선으로 가는……."

켄은 이번에도 존 아서의 말을 제대로 듣지 않고 자신의 생각을 말했다.

"그러니까 그 전력을 역류시키면 되지 않습니까?"

"이론상으로 가능하지만……. 실제 역류가 가능할지도 모르겠고요……."

존 아서는 무언가 개운치 않은 듯 말을 흐리더니 다시 이야기를 이어 나갔다.

"게다가 사실, 착륙선에는 많아야 5, 6암페어 정도의 전력만이 남아 있을 겁니다. 그 전력을 역류시킨다고 해도 그것만으로는 부족해요. 전력 부족으로 방열판이나 착륙 낙하산이 작동하지 않을 수도 있고요……."

그 순간 켄이 모의 조종 장치의 문을 거칠게 열고 나오면서 큰 소리로 이야기했다.

"그건 하늘에 맡겨야지요."

그리고는 서둘러 지휘 본부의 진 크란츠를 향해 달려갔다. 진 크란츠는 마침 지휘 본부의 중앙에 있는 스크린을 보며 아폴로 13호와 교신하고 있었다.

"본부! 본부!"

이미 지칠 대로 지친 짐 러벨의 목소리가 지휘 본부의 스피커를 통해 흘러나왔다.

"잘 들어라, 본부! 아마 거기도 그렇게 좋은 사정은 아닌 것 같다."

조금 전 짐 러벨은 착륙선의 계기판에 달린 시계를 물끄러미 바라보고 있었다. 시계는 4월 17일 오전 7시 45분을 가리키고 있었다. 이미 아폴로 13호가 지구에 진입하기 위한 조치를 취할 시기를 넘긴 시간이었다.

　'지금까지 아무런 지시가 없다는 것은 본부도 어찌해야 될지 모른다는 뜻이야.'

　짐의 머리 속에는 갑자기 불길한 생각이 스쳐 지나갔다.

　'그리고 그건……, 우리들이 살아서 지구로 돌아갈 수 없다는 뜻이기도 하지.'

　짐은 창 밖으로 고개를 돌려 애써 지구를 찾으려 했다.

　'마릴린, 제이, 바바라, 수잔……. 너무 보고 싶구나. 그리고 제프리……. 미안하다, 제프리. 달에 있는 돌을 꼭 가져다주고 싶었는데…….'

　그런데 갑자기 짐 러벨은 이렇게 끝낼 수는 없다는 생각이 들었다.

지구로 돌아가는 것이 불가능하다면 먼저 자신과 대원들이 그 사실을 받아들여야 할 것 같았다.

"본부! 본부! 이미 지구로 진입하기 위한 조치를 취할 시간이 지난 것 같다. 우리도 우리가 처한 상황을 알아야겠다. 코 앞에 닥쳐서 모든 것을 결정할 수는 없다."

스피커를 통해 울려 퍼지는 짐 러벨의 목소리는 결연했다. 지휘 본부에 모여 있던 짐 러벨의 부인 마릴린과 아이들은 짐의 말에 눈물을 흘리기 시작했다. 그러자 프레드의 가족도, 잭의 가족도 흐느끼기 시작했다.

"침착하게, 짐! 자네들을 무사히 지구까지 인도할 지원군이 왔네."

진 크란츠의 말이 끝나자마자 켄 매팅리가 마이크를 넘겨받았다.

"아폴로 13호! 아폴로 13호! 켄 매팅리다. 이제부터 내 지시를 따르기 바란다."

"아니, 켄이라고? 정말 켄이야?"

켄의 목소리는 사고 발생 후 짐이 들은 목소리 중 가장 반가운 소리였다.

'그래, 켄이라면 어떤 문제라도 해결해 줄 수 있을 거야.'

켄의 담담한 목소리는 계속해서 이어졌다.

"존 스위거트! 듣고 있나? 자네는 맡은 임무를 정말 잘 해내고 있네. 대단해."

켄은 지시를 내리기 전, 칭찬부터 시작했다. 이 순간 가장 필요한 것은 진정한 격려라는 것을 켄 자신도 너무 잘 알고 있었기 때문이었다.

"잭! 이제 다시 사령선으로 가 유도 컴퓨터를 켜게. 착륙선에 남은 배터리를 사령선으로 옮겨야 하거든."

켄의 지시를 받은 잭 스위거트는 꽁꽁 얼어붙은 사령선으로 갔다. 사령선의 계기판의 글자들은 두껍게 낀 성에 때문에 보이지도 않았다. 게다가 사령선 안에는 얼어붙은 물방울들이 여기저기 매달려 있었다.

'꽁꽁 언 채 며칠이 지났는데 컴퓨터가 제대로 가동될까?'

잭은 걱정이 가득한 표정으로 사령실의 이곳저곳을 바라보았다.

"설사 컴퓨터가 가동된다 하더라도 녹은 물방울이 계기판 속으로 새어 들어가면 합선될 텐데…….'

망설이던 잭은 결심한 듯 컴퓨터 가동 스위치를 눌렀다. 처음에는 덜덜덜 소리를 내던 컴퓨터는 잠시 후 우우웅 하는 기계음을 내며 돌아가기 시작했다.

잠시 후 계기판에 달린 램프들에도 하나 둘 불이 들어오기 시작했다. 잭에게 있어 하나씩 켜지는 램프들은 마치 자신들이 살아날 희망이 밝아오는 것과 같았다.

재미있는 우주 상식!

달의 바다 2

위난의 바다 '매우 급하고 어려운 경우'라는 의미를 가진 위난의 바다는 폭 430km, 길이 560km의 타원 모양의 평원으로 겉으로 보기에는 남북 방향이 더 길게 보이지만, 사실은 동서 방향으로 길쭉하다. 루나 15호가 1969년 7월 16일에 처음으로 도착했고, 그로부터 5년 후에 루나 23호가 이 곳을 다시 찾았다. 1976년 8월에 도착한 세 번째 우주선 루나 24호는 달 표면 아래로 25.72cm를 판 다음, 달의 토양을 실린더에 담아 지구로 보냈다.

고요의 바다 1969년 7월 19일에 아폴로 11호가 착륙한 이후로 달의 바다 중에서 가장 유명해졌다. 고요의 바다는 월면에서 가장 오래된 바다 중 하나인데, 주위에 소행성들이 충돌하여 또 다른 바다를 만들면서, 원래의 모습이 크게 파괴되었다. 아폴로 11호 외에 고요의 바다를 찾은 다른 우주선들로는 레인저 6호, 레인저 8호, 서베이어 5호 등이 있다. 고요의 바다는 폭 640km, 길이 890km이다.

풍요의 바다 지름 850km 정도의 불규칙한 모양의 바다로, 위난의 바다 남쪽에 위치해 있다. 달 탐사선으로는 루나 16호가 유일하게 이 곳에 착륙했다. 루나 16호는 최초로 달의 토양 표본을 지구로 가져온 구 소련의 무인 탐사선이다.

폭풍의 바다 폭풍의 바다는 달의 평지들 중에서 크기가 가장 큰데, 그 넓이가 320km^2 이상에 달한다. 많은 우주선들이 이 지역에 착륙했는데, 미국의 서베이어 1호, 서베이어 3호, 아폴로 12호와 구소련에서 발사한 루나 5, 7, 8, 9, 13호 등이 있다.

그 외 증기의 바다, 감로주의 바다, 구름의 바다, 습기의 바다 등이 있다.

응답하라,
아폴로 13호! 09

1970년 7월 17일 금요일.

아폴로 13호가 사고가 난 지 5일째 되는 날이었다. 사령선 계기판의 시계는 오전 10시 43분을 가리키고 있었다. 드디어 아폴로 13호가 대기권에 진입할 시간이 된 것이다.

"이제 모두 사령선으로 이동해야 해."

짐 러벨이 프레드와 잭을 보며 말했다. 아폴로 13호가 대기권에 진입하기 위해서는 먼저 사령선에서 착륙선을 분리시켜야 했다. 대기권을 돌파해 태평양에 떨어지는 것은 사령선 혼자만이 가능한 임무였다.

"프레드! 자네가 먼저 가겠나?"

프레드 헤이즈는 눈을 감고 등받이에 몸을 기대고 있었다. 창백한 얼굴로 온몸을 떨고 있는 프레드의 상태는 매우 좋지 않았다. 그는 짐의 말을 듣고 간신히 눈을 뜨더니 고개를 끄덕였다.

"프레드! 견딜 수 있겠어요?"

잭 스위거트가 걱정스런 표정으로 프레드에게 물었다. 진심에서 우러난 목소리였다. 프레드는 잭에게 대답을 하는 대신 희미하게 웃고는 사령선을 향해 가까스로 몸을 움직였다.

프레드 헤이즈를 지켜보던 짐은 안되겠다는 듯 프레드 뒤를 따라가며 잭에게 큰 소리로 이야기했다.

"내가 프레드와 함께 갈게. 잭! 나오면서 출구를 닫게!"

잠시 후 잭 스위거트가 착륙선과 연결되는 출구를 차단하고 서둘러 사령선으로 들어왔다.

잭이 자리에 앉으려고 보니 맨 왼쪽 자리에 이미 짐 러벨이 앉아 있었다. 왼쪽 자리는 임무를 맡은 지휘관의 자리였다.

"아, 미안! 습관이 되다 보니."

짐 러벨은 자신의 실수를 깨닫고는 웃으면서 잭에게 자리를 양보했다. 아폴로 13호의 착륙 임무는 잭 스위거트에게 맡겨져 있었다.

"자, 멋진 착륙을 부탁하네!"

"예, 맡겨 주십시오!"

믿음이 가득 담긴 짐의 말에 잭도 웃으면서 대답했다.

잭이 계기판 왼쪽에 있는 빨간 버튼을 누르자 덜컹 소리가 나며 가벼운 충격이 느껴졌다. 사령선과 착륙선이 분리되기 때문이었다.

착륙선은 사령선과 조금씩 멀어져 갔다. 잠시 후면 캄캄한 우주 공간을 혼자서 떠다니게 될 것이다. 영원히 우주의 미아가 되는 것이

었다.

　세 사람은 창문을 통해 착륙선을 바라보았다. 사고가 난 후부터 지금까지 자신들의 생명을 지켜 준 고마운 존재인 착륙선이 우주 속으로 서서히 사라져 가고 있었다.

짐 러벨은 혼잣말처럼 조용히 되뇌었다.
"잘 가거라, 착륙선! 그 동안 정말 고마웠다."
잭은 조종간을 붙잡고 추진 엔진의 출력을 확인했다.
무엇보다 중요한 것은 대기권에 진입할 때의 코스였다. 진입하는 각도가 너무 작으면 대기권에서 미끄러져 나가 우주의 미아가 된다. 반대로 너무 깊으면 대기권에서 발생하는 마찰열 때문에 붉게 달아오르다 마침내 폭발하게 될 것이다.

잭은 모든 신경을 조종간에 집중하면서 지휘 본부에 연락을 취했다.

"본부! 여기는 아폴로 13호! 이제 대기권에 진입하겠다."

잭의 목소리에는 긴장감이 가득 배여 있었다.

"알았다, 아폴로 13호! 30초 후에 진입하라!"

지휘 본부와 연락을 마친 잭 스위거트는 서서히 추진 엔진의 출력을 높여 갔다. 잭은 잠시 긴장을 풀려고 옆자리에 앉은 프레드와 짐을 향해 고개를 돌렸다.

프레드는 잭을 바라보며 고열로 부르튼 입술에 미소를 띠며 엄지손가락을 추켜세웠다. 잭에게 착륙 임무를 맡기고 중간 자리에 앉은 짐 러벨은 생각을 가다듬으려 노력하고 있었다.

'사령선의 방열판은 제대로 작동할까? 방열판이 작동하지 않으면 5000도에 이르는 열에 사령선은 폭발하고 말 거야. 착륙 낙하산은 제대로 가동할까? 착륙선의 것을 끌어 왔어도 전력은 여전히 부족한데……'

"아폴로 13호! 이제 자네들은 대기권에 진입하게 된다."

사령선의 무전기를 통해 진 크란츠의 목소리가 흘러나왔다.

"대기권에 진입하면 무선이 끊어지게 될 것이다. 길어야 3분이니까, 3분 후에 다시 만나도록 하자."

진 크란츠는 일부러 밝은 목소리로 이야기하고 있었지만 실제 상황은 그렇지 못했다. 3분 후 다시 교신하는 것보다는 영원히 교신이 안 될 가능성이 몇 배는 더 컸다.

사령선은 맹렬한 속도로 지구를 향했지만 짐 러벨과 프레드 헤이즈, 잭 스위거트는 지구를 볼 수 없었다. 사령선이 뒤로 돌아서 대기권으로 진입했기 때문이었다. 방열판이 사령선의 뒤쪽에 설치되어 있었기에 어쩔 수 없었다.

'아폴로 13호! 마지막까지 잘 견뎌 줘!'

짐 러벨은 마음속으로 되뇌었다. 엄청난 속도에 마치 몸이 앞쪽으로 튀어나갈 것 같이 느껴졌고, 팽팽하게 긴장된 안전벨트가 대원들의 어깨를 파고들었다.

잠시 후 사령선 밖의 하늘이 점차 검은빛에서 푸른빛으로 바뀌기 시작했다. 그러다가 서서히 주황빛이 되더니 진홍빛으로 변했다. 아폴로 13호가 대기권에 진입한 것이었다.

사령선 안을 가득 메우고 있었던 성에와 얼음들이 뜨거운 열에 녹아서 마구 떨어졌다. 지금 사령선의 방열판은 5000도의 온도를 견디고 있는 중이었다.

잭 스위거트는 좌석에 몸을 붙이고 눈을 크게 떴다. 갑자기 쿵 하

면서 머리가 좌석 뒤쪽에 부딪혔다. 중력이 작용하기 시작한 것이었다. 프레드는 정신을 잃었는지 고개가 젖혀진 채 힘없이 흔들리고 있었다.

그때부터 아폴로 13호는 격렬하게 흔들리기 시작했다. 사령선은 마치 불을 뿜어내는 혜성과 같이 긴 꼬리를 만들며 대기권을 통과하기 위해 애를 썼다.

그 순간 짐 러벨의 가족들은 거실에 모여 텔레비전으로 아폴로 13

호에 관한 방송을 보고 있었다. 텔레비전 앵커의 흥분된 목소리가 거실을 가득 채웠다.

"이제 아폴로 13호는 대기권에 진입했다고 합니다. 지금이 가장 위험한 순간입니다. 과연 무사히 착륙할 수 있을까요?"

'제발, 제발, 제발…….'

짐 러벨의 아내 마릴린은 '제발'이라는 말만 혼자서 반복하고 있었다. 아이들은 엄마 옆에 붙어 앉아 두 손을 모으고 기도하며 텔레비전을 보고 있었다. 제프리는 혼자서 텔레비전 바로 앞에 앉아 큰 눈을 깜빡이고 있었다.

"지금은 대기권을 통과하는 중이라 아폴로 13호와 교신도 되지 않습니다. 대기권을 통과해 무사히 착륙해야 다시 교신이 이루어질 텐데요. 과연 다시 교신이 이루어질 수 있을까요?"

텔레비전 앵커는 마치 스포츠를 중계하듯 혼자서 열을 내고 있었다. 대원 가족들이 그의 말 한 마디 한 마디에 귀 기울이고 있다는 것도 모르고…….

마릴린에게 그 소리는 이제 그저 웅웅거리는 소리로밖에 들리지 않았다.

지휘 본부에서 모니터만 뚫어져라 쳐다보고 있던 진 크란츠는 아폴로 13호와 교신이 끊어진 지 정확히 3분이 지나자 다시 교신을 시도했다.

"아폴로 13호! 여기는 본부다. 응답하라!"

하지만 아무런 응답이 없었다. 계산대로라면 지금쯤 교신이 다시 되어야 했다.

"아폴로 13호! 아폴로 13호! 응답하라! 응답하라!"

이번에는 답답한 듯 진 크란츠의 옆에 서 있던 켄 매팅리가 교신을 시도했다.

"아폴로 13호! 켄 매팅리다. 내 말이 들리면 응답하라!"

하지만 켄 매팅리의 부름에도 응답이 없기는 마찬가지였다.

"아이오지마 호! 아무 것도 보이는 게 없나?"

진 크란츠는 다급히 아이오지마 호에 연락을 취했다. 아이오지마 호는 아폴로 13호가 착륙하기로 되어 있는 태평양에서 대기하고 있던 해군 함정이었다.

"예, 아무 것도 안 보입니다."

아이오지마 호로부터 연락을 받은 진 크란츠와 켄 매팅리의 머리 속에는 동시에 불길한 예감이 스쳐 지나갔다.

숨을 죽이고 텔레비전을 보고 있던 짐 러벨의 아내 마릴린은 눈물이 솟구치는 것을 느꼈다. 하지만 아이들 앞에서 희망을 포기하는 절망의 눈물을 흘릴 수는 없었다.

앵커는 아폴로 13호의 응답을 하지 않는다는 말만 수없이 반복하고 있었다. 마릴린의 두 팔을 벌려 딸들의 어깨를 꼭 안았다.

"교신이 두절된 지 벌써 5분이 지났습니다. 무사히 착륙했다면 이미 교신이 재개되었어야……."

앵커의 흥분된 목소리는 계속 이어졌다. 텔레비전 바로 앞에 앉은 제프리는 눈물을 글썽이며 힘없이 말했다.

"아빠! 약속 지켜! 꼭 돌아오기로 했잖아?"

지휘 본부의 무전기가 지지직거리기 시작한 것은 바로 그때였다.

"지지직……, 지지직……. 본부! 본부! 여기는 아폴로 13호."

기쁨에 가득 찬 짐 러벨의 목소리는 계속 이어졌다.

"무사히 착륙했다. 지금 창 밖으로는 아주 맑고 푸른 하늘이 보인다. 오, 하나님! 감사합니다."

짐 러벨의 목소리는 텔레비전 중계를 통해 전 세계에 방송됐다. 마릴린은 그제서야 소리 내어 울었고, 아이들은 소리를 지르며 서로 껴안고 기뻐했다.

모두 기쁨을 참지 못하는 그 상황에도 제프리는 가만히 앉아 텔레비전을 뚫어지게 바라보고 있었다.

'아빠, 잘 했어. 난 아빠가 약속을 지킬 줄 알았어.'

진 크란츠는 기쁨과 안도가 교차하는 감정을 느끼며 아폴로 13호를 환영했다.

"아폴로 13호! 지구로 무사히 돌아온 것을 진심으로 환영한다."

잠시 후 아이오지마 호에서 이륙한 헬리콥터가 세 사람의 우주비행사를 구조하기 위해 아폴로 13호 위를 돌기 시작했다.

아폴로 13호만이 해낸 임무,
그리고 그 뒷이야기

아폴로 13호의 사고 원인은 한참 후에야 밝혀졌다. 산소 탱크를 가열하는 전기 코일이 합선되었던 것이었다. 그래서 잭 스위거트가 산소 탱크를 가열하는 버튼을 눌렀을 때, 코일에서 불꽃이 튀어 산소 탱크가 폭발했던 것이다.

많은 사람들은 아폴로 13호의 달 탐사 계획이 실패한 것이라고 했다. 사실 아폴로 13호의 임무는 달에 착륙해 암석을 채취하고 토양을 분석하는 것이었다. 그러한 임무를 제대로 수행하지 못했으니 실패한 것일 수도 있다.

하지만 짐 러벨과 그의 동료들은 그렇게 생각하지 않았다. 물론 달에 가서 암석과 토양을 가져오는 것이 그들에게 맡겨진 임무였다. 그러나 그것만이 아폴로 13호의 임무는 아니었다.

아폴로 13호는 우주를 탐사하는 과정에서 일어날 수 있는 사고를 당했다. 그리고 짐 러벨과 그의 동료들은 서로 힘을 합쳐 위기를 이겨 내고 지구로 무사히 돌아왔다.

그것은 아폴로 13호만이 해낸 임무였던 것이다.

프레드 헤이즈는 사고 이후 우주선을 제작하는 그루만 에어로 스페이스 사에서 일했다. 잭 스위거트는 국회의원에 출마해 당선이 되었다.

하지만 의원 활동을 제대로 하기도 전에 암으로 사망했다.

켄 매팅리는 아폴로 16호의 대원으로 다시 달에 갔다. 그 후에는 우주 왕복 운항팀의 대원이 되었다.

짐 러벨은 1973년 미국 항공 우주국을 은퇴했다. 그는 이미 4번 우주 탐사 계획에 참가했으며 그것만으로 충분했다. 달에 가는 것도 중요하지만 제프리와 함께 축구를 하는 것이 더욱 중요하다고 생각했기 때문이었다.

우주복의 구성

우주복은 헬멧, 몸체, 생명 유지 장치, 장갑, 장화 등으로 구성된다.

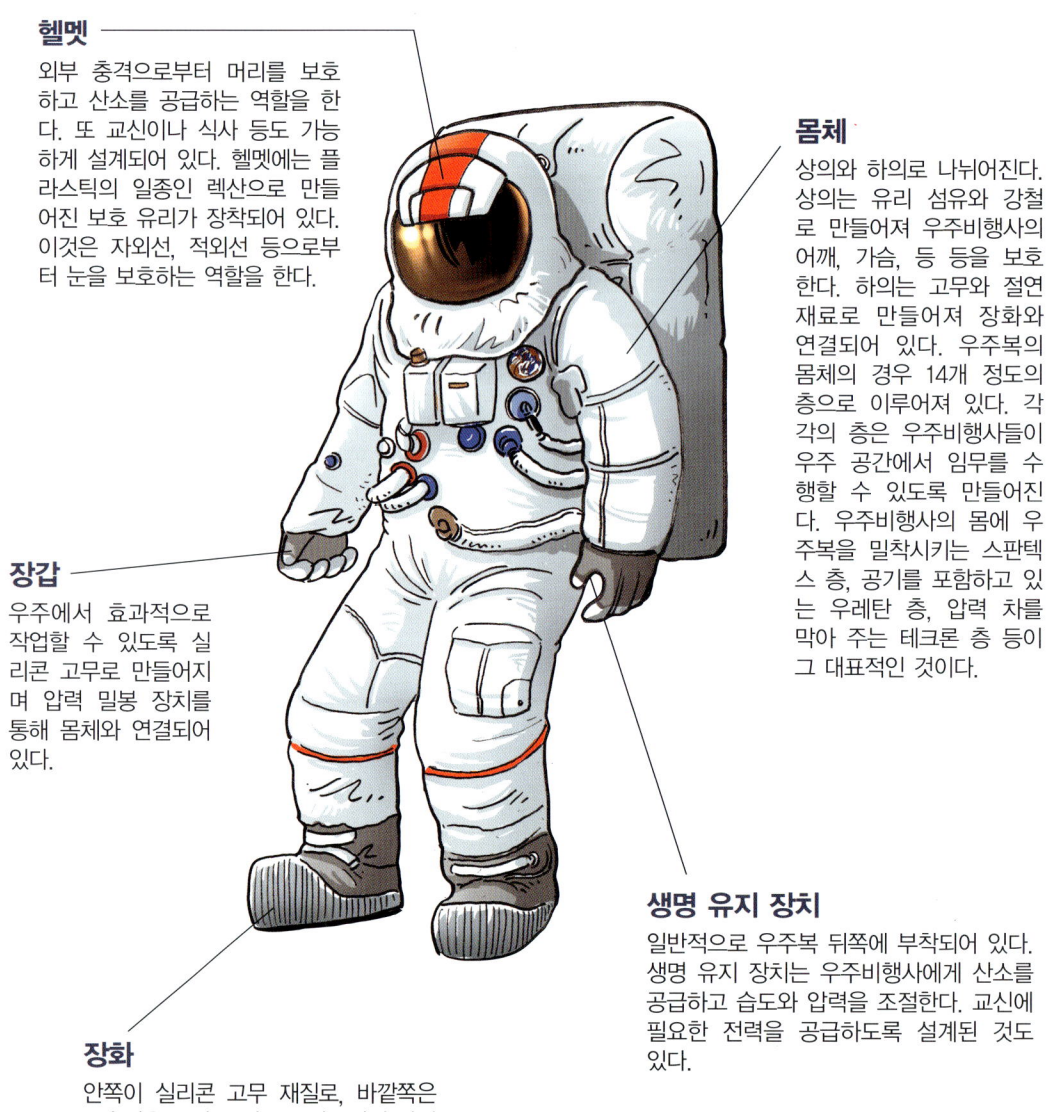

헬멧
외부 충격으로부터 머리를 보호하고 산소를 공급하는 역할을 한다. 또 교신이나 식사 등도 가능하게 설계되어 있다. 헬멧에는 플라스틱의 일종인 렉산으로 만들어진 보호 유리가 장착되어 있다. 이것은 자외선, 적외선 등으로부터 눈을 보호하는 역할을 한다.

몸체
상의와 하의로 나뉘어진다. 상의는 유리 섬유와 강철로 만들어져 우주비행사의 어깨, 가슴, 등 등을 보호한다. 하의는 고무와 절연 재료로 만들어져 장화와 연결되어 있다. 우주복의 몸체의 경우 14개 정도의 층으로 이루어져 있다. 각각의 층은 우주비행사들이 우주 공간에서 임무를 수행할 수 있도록 만들어진다. 우주비행사의 몸에 우주복을 밀착시키는 스판텍스 층, 공기를 포함하고 있는 우레탄 층, 압력 차를 막아 주는 테크론 층 등이 그 대표적인 것이다.

장갑
우주에서 효과적으로 작업할 수 있도록 실리콘 고무로 만들어지며 압력 밀봉 장치를 통해 몸체와 연결되어 있다.

생명 유지 장치
일반적으로 우주복 뒤쪽에 부착되어 있다. 생명 유지 장치는 우주비행사에게 산소를 공급하고 습도와 압력을 조절한다. 교신에 필요한 전력을 공급하도록 설계된 것도 있다.

장화
안쪽이 실리콘 고무 재질로, 바깥쪽은 금속섬유로 만든 직물로 만들어져 단열 처리가 잘 되어 있다.

우주비행사의 훈련

우주비행사가 되기 위해서는 수많은 힘든 훈련을 반복해야 한다. 그렇기 때문에 우주비행사는 훈련을 감당할 수 있는 신체적, 정신적 건강이 뒷받침되어야 한다.

첫 번째 훈련은 **원심력 훈련**이다. 우주선이 대기권을 빠져나갈 때는 우주비행사는 자기 몸무게의 6배에 해당하는 무게를 감당해야 한다. 엄청난 속도로 회전하는 긴 통의 가장자리에서 원심력에 적응하는 원심력 훈련은 여기에 대비한 훈련이다.

또 다른 훈련으로는 **회전 훈련**이 있다. 우주선은 어떤 행성에 이르면 그 행성의 궤도를 따라 회전하게 된다. 그런데 그 속도는 시속 100km로 달리는 자동차의 거의 300배에 해당하는 속도이다. 그 속도에 견디기 위해 회전 의자에 앉아 빠른 속도의 회전에 적응하는 회전 훈련을 받게 된다.

무중력 훈련도 우주비행사가 되기 위해 거쳐야 할 관문이다. 대기권을 벗어난 우주 공간은 중력이 작용하지 않는다. 따라서 우주 탐사를 할 우주비행사는 무중력 상태에도 익숙해야 한다. 무중력 훈련은 처음에는 무중력 상태에서 끈을 잡고 움직이는 쉬운 훈련에서 시작해 공을 던지고 받는 훈련, 우주복을 갈아입는 훈련 등 어려운 훈련으로 이어진다.

또 **유영 훈련**도 있다. 유영 훈련은 우주선 밖으로 나가 임무를 수행할 때를 대비한 훈련이다. 유영 훈련은 200kg이 넘는 훈련복을 입고 물 속에서 행해진다. 물 속에서 작용하는 부력과 훈련복의 무게가 같을 때, 무중력 상태를 느낄 수 있기 때문이다. 유영 훈련은 한 번 할 때마다 거의 4kg 정도의 몸무게가 빠질 정도로 힘든 훈련이다.

사진으로 보는 아폴로 13호

▲ 공기 청정기를 들고 있는 존 스위거트. 이 공기 청정기는 산소 탱크의 폭발로 우주선이 파손되어 달 착륙 계획을 취소하고 지구에 비상 착륙할 때 사용된 것으로 아폴로 13의 다양한 부품으로 만들어졌다.

▶ 산소 탱크 폭발로 생긴 파손이 우주선의 옆면에 선명히 보인다. 아폴로 13호의 우주비행사들은 지구에 돌아오기 전에 사령선을 떼어 냈고, 파손된 선체는 우주에 떠다니고 있다.

◀ 무중력 상태에서 낮잠을 자고 있는 아폴로 13호의 우주비행사.

▲ 우주복 호스, 프로그램 안내서, 비닐, 테이프, 양말 등, 아폴로 13호에 있던 부품으로 만든 공기 청정기. 원래 사령선에 있던 이 공기 청정기를 착륙선에 설치함으로써 비행사들은 목숨을 구했다.

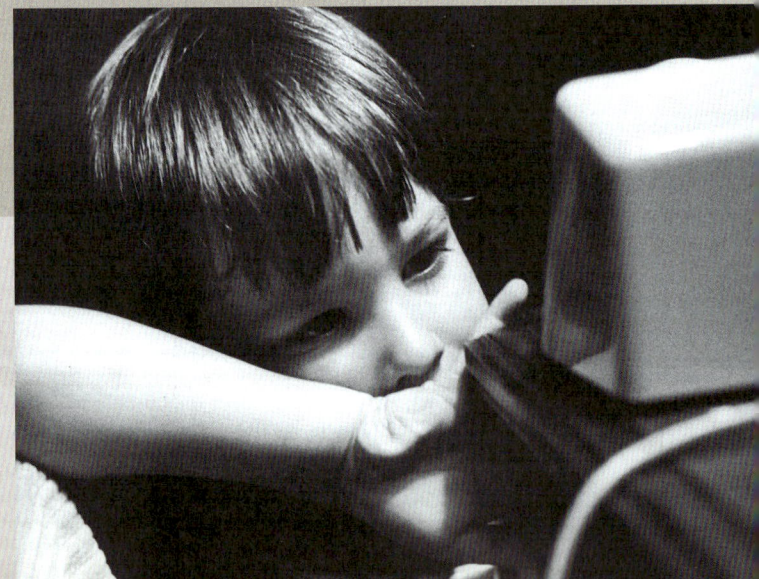

아버지가 타고 있는 아폴로 13호가 ▶ 태평양에 착륙하는 모습을 지켜보는 짐 러벨의 막내아들, 제프리 러벨.